Nelson Pereira da Costa

Oficina do Livro

Um Guia do Autor Didático para Desenvolver
e Apresentar um Projeto de Livro

EDITORA
CIÊNCIA MODERNA

Editor: Paulo André P. Marques
Produção Editorial: Dilene Sandes Pessanha
Capa: Daniel Jara
Diagramação: Daniel Jara
Copidesque: Equipe Ciência Moderna

FICHA CATALOGRAFICA

COSTA, Nelson Pereira da.

Oficina do Livro – Um Guia do Autor Didático para Desenvolver e Apresentar um Projeto de Livro

Rio de Janeiro: Editora Ciência Moderna Ltda., 2022.

1. . Elaboração de Texto. Trabalho editorial. Preparação de originais
I — Título

ISBN: 978-65-5842-148-1 CDD 070.51

Editora Ciência Moderna Ltda.
R. Alice Figueiredo, 46 – Riachuelo
Rio de Janeiro, RJ – Brasil CEP: 20.950-150
Tel: (21) 2201-6662/ Fax: (21) 2201-6896
E-MAIL: LCM@LCM.COM.BR
WWW.LCM.COM.BR **02/22**

A
Alexandre Nelson (in memoriam)
Meu filho que me ajudou na digitalização dos livros que escrevi e que me fez companhia na resolução de problemas por muitos anos.
Muita Saudade!!!

Prefácio

O maior motivo que me levou a escrever este livro foi o fato seguinte. Ao longo desses vinte anos como escritor, fui procurado por algumas pessoas que estariam desejosos de desenvolver um livro. Algumas delas tinham uma montanha de títulos e ocupavam até posições relevantes onde trabalhavam, mas não tinham a habilidade de escrever.

Sempre escutei, desde menino, que para escrever bem era preciso ler muito. Isto é uma falácia, pois ler é muito bom, porque dá a quem lê um bom vocabulário, melhorando a maneira de expressar uma ideia. Porém, não qualifica ninguém a ser um escritor.

O indivíduo se torna um escritor se começar a escrever, mesmo com muitos erros, que com o tempo serão corrigidos.

Alguns autores em potencial até mostraram seu material que chamavam de projeto de livro, mas que na realidade era uma colcha de retalhos. Era um material mal estruturado, os capítulos sofriam solução de continuidade e a abordagem não tinha uma cronologia adequada, isto é, não era congruente com o tema do livro.

Um outro detalhe percebido, na ocasião, é que não havia um equilíbrio de espaço ocupado entre os capítulos. Uns eram muito longos e outros curtos demais. Também percebi que para alguns faltava um bom conhecimento de conceitos.

Então vi a oportunidade de desenvolver um livro que seria uma espécie de Manual (Guia), para aqueles desejosos de escrever algo que fique para a posteridade. A falta de pessoas preparadas para escrita é um fato, pois há vontade, mas não há competência.

Escrever significa disciplina, sucesso e fracasso. Eu mesmo, pelos idos dos anos de 2001, durante dois anos, bati de porta em porta com a minha brochura, procurei amigos, conhecidos e até políticos. Nada aconteceu. Até que o dono/editor da Editora Qualitymark recebeu o material e depois de duas semanas deu, por telefone, sinal verde, mas mesmo assim me disse que só poderia publicar a obra no ano seguinte.

Anos depois, entrou em minha vida a Editora Ciência Moderna, que até hoje publicou nove livros e continua analisando outros livros para futuras publicações.

É preciso tomar em consideração as sutilezas e diferenças entre redação comercial e redação acadêmica. Assim, por exemplo, se você vai escrever um livro de poesia, deve ter muitos livros de poesia, para saber como são apresentados no mercado editorial.

As dicas da boa redação, da apresentação de dados, da utilização de números e pontos, da normalização textual, do sentido das palavras e tantos outros aspectos, que contribuem para a boa comunicação escrita, foram deixados de lado.

Este livro, ***Oficina do Livro: Um Guia para Desenvolver e Apresentar um Projeto de Livro,*** tem o objetivo de mostrar não só os conceitos, mas também muitos exemplos, como um manual a orientar o incipiente escritor a conhecer os meandros da boa linguagem escrita, cada vez mais prostituída.

O livro também aborda os assuntos de forma enxuta, compacta e extremamente objetiva. O leitor encontrará neste projeto a reunião daquilo que é necessário e relevante saber, para se tornar um autor de sucesso.O propósito principal deste livro é mostrar como enfrentar o projeto e estar preparado.

A obra foi estruturada em 6 Capítulos, cujos objetivos são os seguintes:

01 – Ideia Inicial: Mostrar que é preciso associar a ideia empreendedora (inicial, inovadora) com a oportunidade do momento, não esquecendo que saber ler o cenário é fundamental.

02 – Projeto do Livro: Habilitar o autor em potencial em se transformar em alguém que apresente uma brochura de seu Projeto de Livro, nas condições ideais de aceitação por uma Editora.

03 – Estrutura do Livro: Mostrar como um livro é estruturado e a conceituação de suas partes, bem como apresentar exemplos, ilustrações, gravuras.

04 – Editoração: Mostrar a importância da normalização textual na construção de um livro, pois não é possível escrever um livro sem uma metodologia adequada ao tema.

05 – Comunicação do Livro: Mostrar as ferramentas necessárias para a divulgação de um livro.

06 – Documentação: Mostrar que, sem uma documentação organizada, em pastas e arquivos em computador, o autor terá muitas dificuldades de prosseguir no seu projeto.

Gostaria de manifestar meus agradecimentos a todos aqueles que me ajudaram, direta e indiretamente, a levar adiante este projeto, que consumiu parte da minha vida, nas idas e vindas de infindáveis leituras, numa atitude performática, às vezes, não muito pragmática, mas que ao término deste período me fez feliz por ter tornado útil esse tempo e também sentir como se fosse uma obrigação cumprida. Gostaria, também, de agradecer, em particular, ao meu filho, Alexandre, que sempre me incentivou a escrever sobre este tema, acreditando, talvez, que eu seja um bom escritor.

Nelson Pereira da Costa

Sumário

Introdução

O livro nasceu há muitos anos e de diversas formas. Ora em tablitas de barro, depois em papiro e por último em papel impresso eletronicamente. O ser humano, para se tornar uma pessoa instruída, precisa ter uma biblioteca. Não só para consulta, como também para parecer aos outros que é uma pessoa culta. Podemos dizer que uma Biblioteca é uma coleção de livros para serem lidos por pessoas interessadas em adquirir conhecimento.

A produção intelectual em nossos dias é realmente impressionante. Em todas as áreas do conhecimento produzem-se centenas de milhares de livros, revistas, jornais, livretos e folhetins. Mas o que estudar? Como estudar? Ao analisar o material selecionado, sob um ponto de vista reflexivo ou crítico, o autor está interessado em ter uma síntese, que integre, em poucas palavras, todos os dados e informações, isto é, num só documento.

A administração do conhecimento parte do princípio que objetivos, processos e informações precisam ser compartilhados. É o gerenciamento do fluxo de informações, que ajuda a pessoa a agir e decidir com rapidez. Apesar de se esforçarem ao máximo, muitas empresas continuam a desperdiçar o que talvez seja seu ativo mais precioso no atual contexto: ideias, inovações, descobertas, invenções e soluções.

Com a evolução tecnológica e a consequente expansão dos meios de comunicação, vivenciamos, hoje, uma disponibilidade generalizada da informação. Modifica-se, de certo modo, a tendência de busca de informação, pela elaboração de modelos sintéticos capazes de digerir a avalanche de informações que sufoca os indivíduos no desempenho de suas múltiplas funções.

Resumidamente, podemos dizer que o conhecimento é um ato, ou processo, pelo qual o sujeito se coloca no mundo e, com ele, estabelece uma relação. Como entendimento do mundo, o conhecimento não é, pois, um enfeite ou uma ilustração da mente e da memória, mas um mecanismo fundamental para tornar a vida mais desejável e mais plenamente realizada, pois só tem seu sentido pleno na sua relação com a realidade.

Em tempos de Internet, de comunicação instantânea, soa estranha a defesa do livro, como instrumento necessário à difusão da cultura, da prática democrática e da aquisição do saber, movida sobretudo pela discussão e produção de ideias.

Falsos profetas prenunciam a extinção do livro, como já ocorreu no passado no caso do cinema, com o aparecimento da televisão. O livro segue a mesma trajetória. Outros meios podem veicular informações, mas jamais com as características do livro. Ele envolve outros sentidos que não somente a visão. Não se pode comparar a sensação de folhear um livro com a navegação na Internet.

A comunicação escrita expressa um acordo, contrato, projeto, teoria, decisão, solução, por exemplo. Apesar de haver muitas relações entre a forma falada e a forma escrita, os princípios para construir uma oração, por exemplo, são praticamente os mesmos. O ato de escrever, entretanto, é diferente do ato de falar.

A grande diferença talvez esteja no fato de que o interlocutor estar presente no momento da fala e ausente no momento da escrita. Estando o interlocutor presente quando falamos, qualquer problema de compreensão pode ser imediatamente esclarecido ou não.

Além disso, há sempre junto com a fala um jogo de gestos, de expressões faciais, de tons de voz que complementam e reforçam aquilo que está sendo dito. No momento de escrever, tudo isso nos falta, porque quem vai ler nossos escritos está longe e não podemos complementar nossa mensagem com outras ferramentas de comunicação.

A capacidade de escrever consiste na habilidade de construir livros e relatórios claros, objetivos, concisos e relevantes. Para que a pessoa saiba escrever é preciso que faça com naturalidade, conheça a língua, saiba pensar, escreva para o leitor e não para si, demonstre acuidade para detalhes e possua capacidade de observação.

Por que se escreve mal? Por falta de conhecimento, cultura, hábito, paciência, reflexão e treinamento, por exemplo.

Um método para você escrever pode ser, por exemplo: escolha um assunto, um tema; pense consequentemente; prepare uma lista de ideias; faça um programa de ação; desenvolva um sumário; escreva um esboço (rascunho); revise o rascunho; escreva o texto; faça revisão; torne a revisar; faça uma avaliação final; solicite críticas de terceiros; edite; publique.

A linguagem escrita possui requisitos, dos quais o autor não pode se afastar, tais como: estilo, impessoalidade, objetividade, cortesia, função, clareza, coerência, concisão, expressividade, harmonia, motivação, naturalidade, polidez, propriedade, unidade, figuração, correção, forma.

A linguagem do livro será denotativa (significado intelectual), científica e impessoal. As palavras utilizadas serão de uso corrente, de sentido preciso e se possível polissêmicas (homônimos perfeitos). O lugar comum será evitado a todo custo, os clichês deixados de lado, o adjetivo e o advérbio serão utilizados somente quando indispensáveis.

As frases serão curtas, claras e concisas, procurando dessa forma facilitar o entendimento.

Redigir um texto é uma técnica que implica domínio de capacidade linguística. Assim, estamos diante de processos intelectuais que envolvem, basicamente, dois momentos:

- O de formular pensamentos (aquilo que se quer dizer).
- O de expressá-los por escrito (o redigir propriamente dito).

Fazer uma redação, seja ela do tipo que for, não significa apenas a atuação de uma capacidade de escrever de forma correta, mas, sobretudo, a de organizar as ideias sobre determinado assunto. Como tudo, também escrever é um processo que tem as seguintes etapas:

- Formular a ideia inicial.
- Decidir o assunto, estabelecendo o objetivo.
- Delimitar e organizar as ideias.
- Estruturar (escrever) um plano de abordagem.
- Enumerar os itens e subitens.
- Hierarquizar ideias e títulos.
- Elaborar um rascunho.
- Reescrever, rever e polir o texto.
- Configurar página (margem, cabeçalho, rodapé, tamanho do papel, medianiz, margem espelho).
- Escolher a fonte da letra e o estilo adequado para o texto.
- Implementar (escreva, digite, imprima).
- Leia diversas vezes até achar que o texto traduz seu propósito.

São exigências modernas a objetividade e a rapidez na exposição do pensamento. Por isso, mais do que nunca é preciso buscar clareza, congruência e concatenação de ideias. A linguagem utilizada na construção de um livro exige o conhecimento de formas e modelos.

O texto didático é, no ensino, a ponte entre a palavra e a realidade do contexto vivenciado. Como o ideal seria que toda aprendizagem se efetuasse em situação real de vida, e não sendo isso possível, o texto didático tem por finalidade simular esta realidade, além de motivar a aula, aumentar o nível de percepção, economizar esforços, auxiliar na fixação da aprendizagem, dar oportunidade da livre manifestação. Este texto deve basear-se em mecanismos de coerência, tanto no que diz respeito à narrativa como na argumentação, obedecendo sempre a uma ordenação lógica e racional.

O conjunto de conhecimentos incorporado em uma pessoa (física ou jurídica). Em todas as sociedades anteriores, a pessoa instruída era um ornamento. Mas, hoje, é um emblema, símbolo, ícone, âncora, arquétipo, apanágio, suporte, polo de decisão.

A pessoa instruída precisa ser capaz de usar seu conhecimento como suporte do presente para decidir o futuro.

Capítulo 1

Ideia Inicial

"Dirigir bem uma empresa, ou um negócio, é administrar o seu futuro. Para tal precisamos de um sistema de informações que funcione".

Bill Gates

Objetivos do Capítulo

- Mostrar que é preciso associar a ideia empreendedora (inicial, inovadora) com a oportunidade do momento, não esquecendo que saber ler o cenário é fundamental.
- Mostrar que a Janela de Oportunidade pode estar sendo vista de maneira equivocada.
- Mostrar que mercado editorial e público-alvo não devem ser negligenciados pelo autor.

1. 1 Ideia Inicial

A ideia é a simples representação intelectual de um objeto, porque se constitui num ato cognitivo. Pode-se considerar a ideia, segundo a sua compreensão e sua extensão. Assim, a ideia pode ser: singular, particular, geral, universal, transcendental.

Todo e qualquer projeto é desenvolvido partindo-se de uma ideia inicial. Tanto que as ideias são consideradas soluções plausíveis para atender uma ou mais necessidades, desde que sejam confrontadas com a realidade.

As ideias atraentes devem ser aperfeiçoadas em conceitos de produtos, já que o conceito de produto é uma versão elaborada da ideia expressa em termos significativos para o consumidor (usuário, paciente). Eleita a ideia mais adequada, o futuro empreendedor, para prosperar, deve transformar a mesma num conceito de negócio.

A ideia tem de ter uma validade econômica, isto é, tem que ser rentável.

A ideia sobre a qual vamos construir é por natureza incerta, porque a ninguém é dado o direito de prever o futuro. Portanto, a probabilidade de sucesso existe, como também a de fracasso. Se não for nem incerta e nem arriscada, simplesmente não é singular, tendo toda a chance de fracassar.

As ideias são inúteis quando não usadas. A prova de seu valor está em sua implantação. Até que isso aconteça, elas se acham em um limbo. Isto não quer dizer que todas as ideias têm de ser minuciosamente documentadas, antes que sejam mencionadas a qualquer um.

Fazer o futuro exige coragem. Exige trabalho. Mas, também exige fé. Estabelecer um compromisso com o imediato não é prático, pois nenhuma ideia é infalível.

A experimentação atua como uma forma de aprendizado barato e, usualmente, revela-se menos cara e mais útil do que sofisticadas pesquisas de mercado. Antes de eliminar uma ideia ou que ela não funcionará, surgem as questões: Por quê? Como? Quanto? Quando? Quem? O quê?

1.2 Oportunidade

A oportunidade é uma espécie de força incontrolável que pode ajudar na consecução de um objetivo. A oportunidade é vista como algo que consolida condições que darão ao empreendedor uma vantagem concreta.

Como a oportunidade é um acontecimento que favorece a ação, o problema está em identificar aquilo que seja uma oportunidade, bem o que seja uma ameaça.

A questão é como aproveitar a oportunidade. A identificação e aproveitamento de uma oportunidade transcendem o conhecimento comum de uma pessoa, porque esta precisa levar em consideração as seguintes premissas:

- As oportunidades desaparecem com a mesma rapidez com que são detectadas.
- As oportunidades aparecem do inesperado, da disparidade setorial, da vulnerabilidade dos processos, da incongruência, da transformação, da mudança, da percepção, do novo conhecimento.
- As oportunidades raramente são compatíveis com os métodos tradicionais de atuação, em relação aos negócios existentes, exigindo novas abordagens.
- A maioria dos negócios inicia-se por meio de uma oportunidade.

A oportunidade é avaliada pela ponte que faz dos recursos existentes com os recursos necessários, no momento e lugar certos. Mas, é importante que se diga que não é muito fácil, principalmente, quando ela está em função do próprio conhecimento.

A avaliação da oportunidade leva o projetista a traçar um paralelo entre as hipóteses e realidades daquilo que parece ser uma oportunidade.

Uma oportunidade é algo que deve ser explorado em seu favor. O termo Janela de Oportunidade é apropriado, porque é preciso refletir muito bem, antes de colocar tempo e dinheiro em um negócio que pode dar certo ou não.

Na busca de oportunidade, o autor empreendedor deve ser ambicioso e não ter preconceito. Se assim o for, não verá, por exemplo, as brechas que se abre com o sucesso alheio. Copiar é, nesse caso, um caminho saudável e seguro, da mesma forma que montar um projeto a partir da experiência acumulada. Geralmente, a oportunidade está disfarçada no próprio conhecimento (percepção, visão, intuição).

1.3 Leitura do Cenário

Ler o cenário significa não só ler o presente, mas também ter uma dose de previsão do futuro. Saber ler o cenário é fundamental, porque aquele que não observar as mudanças e tendências ambientais perderá tempo, dinheiro, esforço e material até conseguir acompanhar o novo contexto. É claro, se conseguir.

É preciso que o autor empreendedor descubra, a tempo, que cabe, basicamente, a ele abrir este espaço e esta oportunidade para sua vida. E não esperar, milagrosamente, por um anjo salvador, que apareça do nada.

Depois de ter lido o cenário, o autor deve buscar alternativas de enquadramento, através de estratégias e táticas. Quando não se consegue mais ler os parâmetros de seu cenário é necessário desistir da ideia, porque não se está preparado para o empreendimento.

A leitura do cenário objetiva prever futuros desejados, isto é, caracterizar situações futuras que não têm, necessariamente, ligação com situações presentes e passadas. Os problemas de leitura do cenário advêm da incapacidade de filtrar aquilo que é principal do acessório. Quando olhamos uma floresta é preciso distinguir as árvores e não ver apenas uma mancha verde.

O leitor do cenário precisa possuir, por exemplo, as seguintes características: imaginação, capacidade crítica, capacidade de ouvir, capacidade analítica, vontade para falar e escrever, inovação, criatividade, mediação, liderança, negociação, persistência, clareza de raciocínio, visão sistêmica, visão estratégica, visão holística, espírito de equipe, humildade, satisfação profissional, capacidade de comunicação.

Ao nos referirmos à leitura, estamos sempre fazendo referência a um processo realizável em uma dupla dimensão. A primeira, é a de ler a própria realidade, as circunstâncias do mundo em que vivemos, as suas solicitações, provocações e valores, numa linha de reflexão e crítica. A segunda, é a de decodificação dos dados obtidos. Sem leitura, qualquer que seja a sua forma, não haverá progresso, acumulação de conhecimento, transmissão e evolução do saber.

1.4 Mercado Alvo

Mercado é um lugar organizado, onde as pessoas transacionam preços, quantidades e qualidades de determinados produtos (bens, serviços e ideias).

Todo ambiente onde compradores e vendedores de produtos se mantêm em estreito contato uns com outros é conhecido como mercado. Este contato se faz em função das necessidades, desejos e disponibilidades dos consumidores.

Conhecer o mercado é de fundamental importância. Não basta fazer afirmações infundadas e trilhar caminhos viciados no trivial e no cotidiano. Prever a evolução do mercado ajudará a minimizar o risco do negócio. Duas regras a serem utilizadas são:

- Nunca seguir a onda, a não ser que esteja muito seguro do que está fazendo.
- Não imaginar que descobriu uma fórmula mágica para driblar os veteranos do mercado.

O mercado tem como função principal atender a sociedade no que diz respeito ao consumo de produtos e, também, absorver os resultados da atividade empresarial.

Os mercados são importantes à medida que criam novos produtos e processos, porque dão liquidez e mobilidade aos empreendedores, acelerando as recompensas pelo possível sucesso. Os economistas usam o termo mercado para se referirem a um grupo de compradores e vendedores que transacionam valores, em torno de um ou mais produtos.

O mercado dos autores de livros é o Mercado Editorial.

Mercado alvo, também denominado mercado de atendimento, é aquele que, estando disponível, o autor pretende atingir. Outro aspecto a considerar é que mercado alvo deve ser aquele que oferece mais oportunidades de lançamento de um Novo Livro.

1.5 Público-Alvo

Como o grau de heterogeneidade dos consumidores é muito grande, há muita dificuldade em se selecionar um alvo (leitor em potencial), ou seja, o público-alvo. Público-alvo não é o mesmo que público consumidor.

O público-alvo do mercado editorial necessita de estratégias e táticas próprias. Por tal, é preciso conhecer o público a ser atendido, bem como aspectos demográficos, perfis de consumo (renda, idade, hábito), padrões de comportamento do leitor.

Estar na mente dos leitores é um dos elementos mais críticos para a formação do valor do livro. Os valores culturais e sociais nesse caso são fundamentais, para obter apelos intuitivos que possam proporcionar associações espontâneas pelo leitor consumidor, evitando, ou reduzindo, a possibilidade de imitações.

Como fim específico, os livros procuram produzir os valores de troca, mediante uma série de influências no público-alvo (consumidores de determinados produtos). As principais resultantes das influências exercidas são, entre outras: diferenciar o livro, compensar preço alto com qualidade, gerar novos desejos e necessidades, criar novas identidades.

1.6 Recursos

Embora o conceito de recurso não tenha tanta importância, é preciso entender que recursos são meios auxiliares que permite ao autor a consecução de seus objetivos. Sem recursos não se pode levar adiante o desenvolvimento e construção de um livro.

Os recursos podem ser: Recursos Físicos; Recursos Matérias; Recursos Mercadológicos; Recursos Financeiros; Recursos Humanos; Recursos Instrucionais; Recursos Sistêmicos; Recursos Tecnológicos; Recursos Administrativos; Recursos de Computação; Recursos de Comunicação.

1.7 Editora

A editora é uma empresa do mercado editorial que se dedica à arte de publicar um determinado assunto (título). Com a máxima perfeição possível, cabendo respeitar a Língua, nos seus aspectos gramatical e ortográfico.

Para Theodore Levitt, o propósito de uma editora não é simplesmente ganhar dinheiro. E isso é tão vazio como dizer que o propósito da vida é comer.

O objetivo de uma editora é criar e manter cliente cativos, daí a necessidade de produzir livros, segundo os desejos e necessidades da sociedade. Então, é preciso dizer que os preços precisam ser compatíveis, razoáveis, convenientes e atrativos.

As editoras se especializaram em determinados tipos de temas, em função de sua equipe técnica, seus autores e seu mercado, em virtude de o livro ter um custo alto. É por isso que elas não podem arriscar a publicação de um livro que fuja de seu ambiente de conhecimento.

A escolha da editora para seu livro será importante, pois reverterá em benefício de todos os envolvidos.

1.8 Autor

Autor é a pessoa que escreve um livro, relatório, artigo.

Ao resolver escrever um livro, a ação do autor pode ter sido subjetiva, mas a realização precisa ser objetiva. Portanto, seu livro deverá suprir uma lacuna de mercado, seja qualitativa e/ou quantitativamente. Para tal será preciso uma atuação organizada de muitas pessoas, em um projeto estruturado.

É preciso que o autor entenda que a editora encara o livro como um negócio, pois sua preocupação é com o mercado. Sempre a questão que fica, tanto para o autor como para o editor é: Será que o livro vai vender?

Os principais fatores para a publicação de um livro são: a capacidade de absorção pelo mercado, a capacidade de imobilização de dinheiro (investimento) e a capacidade de trabalho do autor, não só pelo conteúdo apresentado, como pelo seu relacionamento com diversas pessoas.

A editora sempre espera que o autor se esforce em vender o título, por meio de divulgação oral, escrita e física.

1.9 Editor

O editor nem sempre é o dono da editora, como acontece com um jornal. Mas, na maioria das vezes, a figura do editor é a do dono da editora. É da responsabilidade do editor planejar e publicar tantos livros quantos forem necessários para servir a sociedade da qual a editora faz parte. Assim, está sempre em contato com profissionais da área de editoração.

O editor deve conversar com professores, alunos, livreiros, livrarias, autores, bem como deve avaliar grades curriculares das escolas e seus conteúdos programáticos. Também precisa avaliar os currículos dos autores, lê relatórios de pesquisa, participar de convenções e procurar saber o que a concorrência anda fazendo.

Os editores são especialistas da matéria, principalmente, quando se trata de livro didático. São experientes e capazes de ajudar o autor no seu mister, quando este precisar ou a situação assim determinar.

O editor ao receber uma obra, que não aposta todas as suas fichas, deve solicitar a análise e avaliação do livro, por especialista no assunto.

1.10 Revisão

Em geral, o trabalho de revisão(copidescagem) é entregue a alguém que possui conhecimento aprofundado da Língua, bem como de normalização textual e de diagramação.

O revisor cuida da gramática e do estilo da página. Está em contato permanente com o autor, por e-mail, para resolver conflitos de: conceituação, construção de parágrafos e frases, descontinuidades e outros problemas.

Frequentemente, os revisores têm possibilidade de melhorar o original, corrigindo falhas que possam ter ocorrido durante a digitação. Em linhas gerais, as tarefas do revisor são as seguintes:

- Normalização dos originais.
- Normalização de citações diretas.
- Normalização bibliográfica e notas de rodapé.
- Checagem de abreviaturas e abreviações.
- Revisão do sumário e da lista de ilustrações.
- Revisão do texto para: correção da linguagem, gramática, ortografia, estrutura da frase, concordância, regência, colocação pronominal, pontuação etc.
- Revisão bibliográfica.
- Checagem dos índices (remissivo, onomástico, ilustrações, textos complementares).
- Contato direto com o autor.

1.11 Distribuidor

O distribuidor é o intermediário entre a editora e o mercado. O distribuidor é detentor de canais de distribuição. O movimento percorrido pelo livro da editora até o leitor/consumidor final chama-se distribuição física. Este serviço envolve um planejamento meticuloso, cujo fator principal é o custo do transporte dos intermediários. Este planejamento considera:

- A utilidade de lugar (em geral, os consumidores não gostam de ir longe ou de se esforçarem muito para obter produtos).

- A utilidade de tempo (elemento que conta como se fosse dinheiro).

A distribuição física é o ramo da logística que trata da movimentação, estocagem e processamento de pedidos. Costuma ser a atividade mais importante em termos de custo para a maioria das empresas. Muitas empresas declaram que seu objetivo de distribuição é o de levar as mercadorias certas para os lugares certos, nos momentos certos e pelo menor custo.

Nenhum sistema de distribuição física pode, simultaneamente, maximizar o serviço ao consumidor e minimizar o custo de distribuição. A distribuição física envolve não somente o transporte do produto e sua armazenagem, mas também a manutenção de estoque, a localização do destinatário, o meio de transporte, a comunicação dentro da rede de distribuição e a maneira como o produto é embalado para distribuição.

Para uma empresa, sempre haverá uma combinação ótima de armazéns e métodos de transporte. É muito comum se ouvir a expressão "apoio logístico".

1.12 Cadastro do Autor

O cadastro é um conjunto de dados sobre pessoas, tais com: consumidores, distribuidores, fornecedores, funcionários, colaboradores, candidatos, profissionais especializados, vendedores, faculdades, institutos, livrarias.

O cadastro do autor será feito por meio de fichas, onde estão os dados relevantes do autor. É uma espécie de banco de dados bastante simplificado que relaciona o nome da pessoa com os elementos que a qualificam.

Embora os cadastros sejam preenchidos preliminarmente através de formulários ou fichas, os mesmos são acumulados em arquivos de computadores, para uma fácil recuperação.

Capítulo 2

Projeto de Livro

"Não permaneça seguindo a multidão, vez por outra se embrenhe na floresta. Certamente você encontrará algo que nunca viu antes, pode ser uma coisa pequena, mas não a ignore. Siga explorando e logo terá algo que vale a pena pensar".

Alexander G. Bell

Objetivos do Capítulo

- Mostrar que o livro é um projeto que deve ser muito bem pensado, para poder atingir o sucesso.
- Mostrar os elementos principais que ajudarão a desenvolver o projeto de livro.
- Mostrar a necessidade de se ter um plano preliminar, para não se perder a meio caminho.

2.1 Projeto

Projeto é uma organização de recursos, sistemática, transitória e racionalmente ordenada, que compreende uma sequência de atividades dirigidas à geração de um produto singular e único, em um período de tempo dado, permitindo estimar os custos e os benefícios de tal geração.

O termo projeto está, hoje, tão generalizado que passou a ter uma infinidade de significados. É utilizado como sinônimo de aspiração e de intenção. Projeto é concebido como a ideia que se forma em executar ou realizar algo no futuro, seguindo determinado esquema. Ele é a ponte entre a análise de um problema e a resolução do mesmo.

Um projeto pode conter programas e planos, e vice-versa, mas não são sinônimos. Também não é um agregado de partes e muito menos uma coletânea de documentos. Como documento que traduz um processo de planejamento, o projeto deve apresentar exequibilidade técnica, viabilidade econômica, conveniência social e aceitação pública.

Na preparação de um original de livro há três fases: Planejamento do Trabalho; Desenvolvimento ou Execução; Apresentação ao Editor.

Quando do planejamento, define-se o assunto, estabelecendo objetivos e metas. Divide-se o livro em partes, capítulos, itens e subitens. Determina-se uma cronologia de abordagem, bem como um sumário diretor, flexível, capaz de ser continuamente melhorado, mas jamais deixado de lado, porque é o caminho para quem deseja escrever um livro. É preciso entender que o livro é um projeto estruturado e não incremental.

A segunda etapa compreende o desenvolvimento do livro, onde se apresenta o corpo de ideias, conceitos, argumentos, contra-argumentos, exemplos, ilustrações, isto é, uma síntese do texto. O livro pode ter ainda elementos complementares, tais como: anexos, apêndices, glossário, bibliografia, índice remissivo, índice onomástico, índice das ilustrações, por exemplo.

Anexos são partes integrantes de um livro que são deslocadas para o final de todo o texto. Devem ser colocados antes da bibliografia.

Os apêndices não integram o texto, mas constituem-se em textos ilustrativos do trabalho. Devem ficar após os anexos. É recomendável que o autor não abuse de anexos e apêndices.

Para que o projeto de livro tenha uma boa apresentação, é preciso observar os seguintes elementos:

Contexto: Objeto e método empregados na confecção do trabalho, objetivos a alcançar e aplicação.

Estrutura do Texto: Divisão do assunto em partes, capítulos e itens.

Sumário Diretor: Sumário provisório que serve de guia para a construção do projeto. Ao final dos trabalhos, o autor deve definir o sumário final. Infelizmente, é comum chamar o sumário de índice, o que é um equívoco.

Dedicatória e Prefácio: Geralmente são etapas que ficam para o final dos trabalhos. Hoje, os agradecimentos são colocados no final do prefácio.

Resumo: Juntos com o original, entregar ao editor um resumo do livro e um esboço das orelhas e quarta capa.

Redação: Estilo direto, frases simples. As notas de rodapé e bibliografia seguem as normas da ABNT.

Elaboração de Ilustrações: Ilustrações (tabelas, planilhas, quadros, figuras) exigem atenção quanto ao uso de caixa alta (letra maiúscula) e caixa baixa (letra minúscula) para as legendas internas. Observar localização das legendas e numeração. Evitar abreviações.

Correção Gramatical: Copidescagem e revisão. O autor deve verificar as correções feitas pelos profissionais de editoração, para evitar conflitos futuros.

Correção de Provas: Verificação pelo autor das revisões de texto e capas, não devendo transferir este trabalho a ninguém.

2.2 Plano de Curso

Um plano é como um mapa, ele mostra ao autor, por exemplo, como ele deve se conduzir, aonde ele deve ir e como chegar lá. Em um plano se estabelece quem fará o que, onde, como e porque para atingir objetivo. Todo e qualquer plano é retratado formalmente através de um documento. Se não for escrito não é plano.

O plano de curso é um plano onde se propõe, numa certa cronologia, aquilo que se tem de fazer, como resposta ao seguinte questionamento: O que você tem? Onde está agora? Onde quer chegar? O que é preciso fazer? Quem fará o quê? Quem informará? Quem controlará? Que método usar? Que canais de comunicação utilizar? Como divulgar o projeto?

O plano de curso deve estabelecer uma metodologia de pesquisa capaz de orientar o autor a alcançar conhecimentos que fundamentem o livro. Duas fases são importantes nesse plano:

- Fazer um exaustivo levantamento bibliográfico, observando até onde o conhecimento chegou, o que já foi elucidado, para que o futuro livro não seja uma repetição inútil. Às vezes, chegam à editora material, cujos autores desconhecem a bibliografia de suporte. Desconhecer a literatura pertinente ao título do livro é sinal de material mal pesquisado. Portanto, não merece ser publicado.

- Refletir exaustivamente sobre a matéria, realizar experiências, exercitar alguns exemplos, procurar uma forma nova de dizer algo ou um modo acessível de leitura e compreensão.

Vale observar que muitos professores, durante anos, desenvolvem apostilas, notas, artigos de jornais ou revistas, fichas e resumos, que, de modo geral, são guardados e arquivados, para utilização futura. Este hábito dá ao autor iniciante uma grande vantagem competitiva. E, se o professor já ministrou a disciplina, muito mais.

2.3 Elementos Preliminares do Livro

Existem alguns elementos preliminares que devem ser considerados pelo autor na construção de um livro, tais como:

Conceito de Livro – Livro é uma apresentação escrita, para transmitir informações a um leitor determinado, numa forma completamente imparcial e sob o aspecto mais útil ao leitor. Pode também ser uma narração descritiva qualitativa e/ou quantitativa de um determinado fato. Em essência, um livro é um conjunto de informações organizadas para descrever ou apresentar um determinado assunto.

Tipo de Livro – O tipo de livro que uma pessoa deseja escrever precisa ser congruente com o seu: campo de atuação, conhecimento e formação. O tipo pode estar associado a: Poesia, Ficção;

Romance, Didático; Ficção Científica; Autoajuda; Ciências Naturais, Esoterismo; Biografia; Fábula, Teologia, por exemplo.

Os livros didáticos podem versar sobre: Administração, Economia, Contabilidade, Química, História, Geografia, Física, Astronomia etc. Todos estes livros são frutos da necessidade de analisar e buscar solução para: um problema, uma situação, um fato, um fenômeno, uma tendência, um caso, uma avaliação, um comportamento, um resultado, um processo, um encontro, uma história, um desempenho, um aprendizado, uma auditoria, por exemplo.

Nome do Livro – Nome que deve ajudar a percepção e memorização por parte do leitor. O nome, geralmente, está associado à sua finalidade. O nome deve ser curto, porque a propaganda é visual. Como a visão domina os demais sentidos, um nome curto é mais fácil de ser lido e memorizado. Cada vez mais a propaganda é visual.

Rascunho do Livro – Independentemente do assunto sobre o qual se vai escrever, é preciso estar preparado e com muita paciência para ler e reler o texto, isto é, polir muitas vezes. Até autores consagrados não abandonam a revisão. Por isso sempre dizem que o original nunca está definitivamente pronto e a última revisão é na realidade a penúltima. Sempre há o que melhorar.

É bom lembrar que o texto não deve estar muito acima e nem abaixo do público-alvo. Não perder de vista o leitor é fundamental, porque perdido o foco é provável um fracasso editorial e mercadológico.

Estilo do Livro – O estilo faz parte da normalização textual. É recomendado ao autor que dê um tratamento uniforme ao texto, para evitar ambiguidades e correções nos originais. Pode-se dizer que o estilo mais recomendado é o estilo direto, tendo a seguinte configuração: frases curtas, períodos não muito longos, parágrafos sem repetições e redundâncias.

O adjetivo e o advérbio somente devem ser utilizados em situações de extrema necessidade. Na verdade, não se pode impor um padrão de estilo. A qualidade do texto é dada por quem lê e não por quem escreve.

Tamanho do Livro – Sempre se ouve do editor a expressão: "Não faça um livro muito grande, porque fica difícil de ser publicado, porque é caro e, muitas vezes, cansativo". Assim para evitar dissabores o autor precisa ter a noção do tamanho do livro, principalmente no número de páginas. O autor precisa buscar o equilíbrio, que pode ser conseguido pesquisando outras obras análogas lançadas no mercado.

Os tamanhos de largura e altura são os mais diversos. A seguir, alguns tamanhos aproximados, em cm, para largura e altura respectivamente: 8 x 12; 12 x 14; 15 x 20; 16 x 23; 17 x 24; 21 x 28.

2.4 Projeto Estruturado

Um projeto é estruturado, porque permite uma abordagem disciplinada de seus elementos. No projeto estruturado os dados são conhecidos. É inconcebível pensar na construção de um livro como um projeto não estruturado.

É preciso lembrar que antes de o autor começar a escrever um livro ele deve ter um plano de ação com as abordagens que irá fazer, bem como será o sequenciamento dos capítulos, isto é, os temas que serão abordados.

A estrutura forma o arcabouço sobre o qual repousam as partes componentes de um projeto e que se relacionam no tempo e no espaço. A estrutura é a forma de combinar as partes, configurando um arranjo que represente uma composição. Ela representa a integração das unidades operantes e a forma pela qual é exercida.

Projeto estruturado requer uma adaptação às técnicas estruturadas e abandono de hábitos há muito estabelecidos. Esta mudança no processo provoca uma de três reações nas pessoas:

- Inércia, medo de inadequação e rejeição impensada de novas ideias.
- Adesão sem crítica às novas ideias.
- Aceitação circunspecta e cautelosa de inovações.

A metodologia estruturada para a construção de projeto preconiza: conceituação, objetividade, clareza, concisão e reflexão.

2.5 Viabilidade do Projeto

Levar uma ideia para o papel, desenvolver e depois implementar a mesma é um caminho difícil e cheio de pedras. A maioria dos seres humanos desiste no meio do caminho e outros logo no início. Para se construir um projeto é preciso ter garra.

Muita força de vontade será necessária para enfrentar as dificuldades que serão enormes, em função da ambição do projeto. Assim, é importante fazer um estudo preliminar, a fim de:

- Identificar o escopo do projeto, os problemas a serem resolvidos, os objetivos principais.

- Identificar um número possível de hipóteses de soluções que possam satisfazer as necessidades do projeto.

- Mostrar as vantagens e desvantagens do novo produto, desenvolvendo um plano de realização do projeto com estimativas dos recursos necessários.

Um estudo de viabilidade de um projeto simula o que acontecerá no futuro a partir de diversos cenários alternativos. Uma das partes mais importantes do estudo é a justificativa econômica do projeto, bem como uma análise de mercado. Esta análise deve levar em consideração uma multiplicidade de fatores que no seu somatório possa, efetivamente, conduzir o projeto ao mais próximo da realidade.

A viabilidade ocorrerá quando:

- O projeto foi concebido, desenvolvido, realizado e concluído no prazo e no orçamento previstos.
- O projeto atendeu as especificações técnicas e qualidades previstas.
- O leitor ficou satisfeito com o produto resultante.
- A equipe editorial trabalhou com um alto grau de sinergia e contentamento.
- O produto gerado pelo projeto captou mais oportunidades de negócio.

Por que os projetos falham? Esta é uma pergunta que persegue todo gerente de projeto que atua na área há muito tempo. Certamente cada um já sentiu o gosto amargo de algum tipo de fracasso. Pesquisas têm comprovado que a ocorrência de fracassos é muito comum e em algumas áreas de negócios os números chegam a assustar. É muito comum que apenas 20% dos projetos sejam bem-sucedidos.

Dentre as principais causas de fracasso, podem ser listadas:

- Um concorrente se antecipa a ideia e sai na frente.
- Os objetivos e metas do projeto não foram claros.
- Houve falta de habilidade na arte de escrever.
- Houve falta de conhecimento.
- Projeto inadequado ao mercado.

A seguir, algumas "dicas" que ajudarão sobreviver às dificuldades de levar um projeto adiante:

- Não espere ajuda dos "amigos". O retorno às vezes nem chega a 5%.

- Não embarque na primeira ideia dada por alguém que você estima pela sua inteligência. Afinal é a sabedoria que conta.

- Pesquise muito para não fracassar logo adiante. Não tome decisões intempestivas.

- Só se aventure num projeto sobre o qual tenha conhecimento e recursos para sua implementação.

- Procure ouvir diversas pessoas sobre o tema do projeto. Se possível, faça experiências preliminares, aplique questionários curtos.

- Utilize modelos já existentes no mercado. A partir destes, aperfeiçoe o seu.

- Procure trazer para o mercado algo inédito ou, pelo menos, diferente para melhor, em todos os sentidos.

- Colete informações, anote todas, faça relatórios, cruze informações, utilize racionalidade e intuição.

- Mantenha os pés no chão o tempo todo.

- Faça um plano de curso, cronograma ou programa para controlar e avaliar resultados.

- Desde o primeiro dia abra um controle de despesas para saber quanto gastou.

- Crie diversos arquivos em computador, imprima em papel e grave em meios densos por segurança.

- Dentro do possível, utilize a melhor tecnologia disponível no mercado.

- Não esqueça de apresentar o projeto com o melhor visual que você possa comprar, porque as pessoas se impressionam com a aparência.

- Não esqueça de registrar o projeto (obra) na instituição de direito.

2.6 Tempo do Projeto

O tempo é cada vez mais um recurso escasso, inelástico, não estocável, mas ele não é importante apenas como recurso. O efeito que seu uso provoca em nós também é fundamental. Pressa, ansiedade e frustração provocam má qualidade de produtos, relações e resultados.

De todos os recursos ao alcance de um indivíduo, o tempo é o mais pessoal e o mais comumente desperdiçado.

Aquele que se propõe a usar o tempo de forma efetiva e inteligente terá de conhecer profundamente as funções administrativas. Assim, podemos considerar que tempo é recurso, cujo significado é intrínseco a cada indivíduo.

Tempo do projeto é o tempo necessário para a alocação de recursos e espaços necessários e adequados, para que uma atividade possa ter continuidade (início e fim), com segurança. O intervalo necessário para se obter resultados de um trabalho é denominado tempo de resposta.

Todo projeto precisa de um tempo de análise do sequenciamento das várias etapas do trabalho de construção onde são observados: o caminho de execução, a determinação do custo, a data de lançamento, por exemplo. Este tempo permite o conhecimento da antecipação com que é preciso efetuar um investimento, com relação ao momento em que se deseja obter os resultados.

Em alguns casos, é necessário aguardar anos para melhorar o nível de treinamento do pessoal e introduzir aumentos substanciais no volume de produção ou, enfim, obter resultados concretos por meio de uma campanha de promoção.

Uma classificação ajudará o autor na consideração do tempo:

- Tempo Otimista – Corresponde ao menor tempo de realização da atividade, supondo-se que ocorram todas as condições favoráveis.

- Tempo Pessimista – Corresponde ao tempo de duração da atividade, caso ocorram todas as condições desfavoráveis (exceto as de força maior).

- Tempo Provável – Corresponde ao tempo que a atividade levaria, no caso de esta repetir-se diversas vezes.

2.7 Objetivo do Livro

Objetivo é o alvo (situação, resultado) que se pretende atingir. Ele determina a direção e o sentido para onde se concentrar esforços e recursos de toda a sorte.

Os objetivos indicam a missão precípua para qual o projeto foi criado. Os objetivos constituem uma fonte de legitimidade que justifica suas atividades e, na verdade, até sua existência. Também servem como padrões de avaliação.

Meta é objetivo quantificado e/ou qualificado, sendo, em geral, de curto prazo, com responsabilidade definida. A ausência de meta conduz o autor a uma atitude passiva. As metas ajudam a orientar, melhorar e motivar o escritor. A principal meta é a sobrevivência do projeto e não a do autor.

Os objetivos são importantes porque identificam os primeiros passos do planejamento. Se estes são vagos e indefinidos, como planejar? Objetivos mal definidos levam o projeto ao fracasso. Eles são a base para as principais atividades, isto é, são as fundações onde se assentam a estrutura organizacional do livro.

A falta de objetivos, um que seja, é como um barco sem rumo. Os objetivos esclarecerão o que realmente queremos alcançar e, ao mesmo tempo, oferecer um sentido para viver e utilizar o tempo.

Daí a importância de se estabelecer metas e desafios, pois isso nos ajudará a descobrir e esclarecer o que realmente queremos alcançar e, ao mesmo tempo, oferecer um sentido para nossa vida.

O objetivo mais importante do projeto de livro é, obviamente, atender as expectativas do autor. Assim, o objetivo está muito relacionado ao produto que estará disponível, quando o projeto for concluído. Sem objetivo o projeto fica à deriva. Parodiando Sêneca, temos a frase: Quando não se sabe para onde ir, qualquer caminho serve.

2.8 Programa de Trabalho

Programa é uma lista de atividades, de preferência em ordem de prioridade, com uma determinada cronologia que, em geral, não é muito rígida.

As principais funções do programa de trabalho são: eliminar atividades supérfluas; hierarquizar as atividades; simplificar o trabalho; minimizar custos; visualizar e corrigir movimentos desnecessários; possibilitar uma lógica de raciocínio e disciplina; possibilitar confiança no processo; documentar um processo; identificar áreas problemáticas; facilitar as comunicações.

A seguir, as principais etapas de desenvolvimento de um livro:

- Estabelecer a ideia inicial.
- Selecionar material bibliográfico para fundamentar o livro.
- Criar arquivos (papel, computador).
- Fazer um controle das despesas.
- Estruturar um plano para o projeto.
- Dar nome ao projeto.
- Fazer pesquisas de mercado.
- Coletar dados preliminares.
- Verificar a viabilidade do Projeto.
- Levantar os recursos necessários.
- Verificar se possui recursos para dar continuidade ao projeto.
- Definir público-alvo.
- Colocar em arquivo as referências bibliográficas.
- Estruturar os capítulos, itens e subitens, tendo uma abordagem sequencial e racional, indo do fácil para o difícil.
- Definir a estrutura preliminar (sumário) do livro.
- Começar a escrever.
- Desenvolver capítulo a capítulo, seguindo o sumário diretor.
- Ler e reler o texto escrito.
- Revisar, polir e diagramar da melhor maneira possível.

- Terminar a brochura original.
- Procurar uma editora.
- Divulgar por todos os meios o projeto concluído.
- Conseguir um editor que acredite no livro.
- Assinar contrato.
- Aguardar publicação.
- Trabalhar na divulgação do livro.

2.9 Preço do Livro

O preço é a razão de troca entre o objeto que se negocia e qualquer outro. Em geral, uma unidade monetária determina o preço. Então, um bem ou serviço pode ser avaliado como caro ou barato, em função do mercado, da necessidade do comprador, da persuasão do vendedor, da escassez, da fartura, do governo.

Existem no Mundo Editorial dois preços:

- Preço de Capa: Preço resultante da soma do custo total de fabricação do produto mais uma margem de lucro. Na realidade é o preço de venda praticado pela livraria.

- Preço do Autor: Preço correspondente a 50% do preço de venda.

O preço de venda do livro é o valor resultante da soma do custo total de produção mais uma margem de lucro. O problema dessa abordagem é a não consideração se o mercado pagará ou não tal preço. Por outro lado, pode pagar até mais.

Para estabelecer o preço de venda de determinado produto, você não precisa conhecer matemática com profundidade ou ser especialista em administração financeira. Basta saber levantar os custos e fazer algumas operações simples.

A fórmula do preço unitário de venda é:

Preço de Venda = Custo Unitário + Lucro Unitário

O método do cálculo do preço mais elementar é acrescentar um markup (taxa de marcagem) ao custo do produto. O markup adotado será em função da política de preço da editora e da concorrência. Conhecido o markup, é fácil montar uma tabela para o preço de venda. A tabela aponta diferentes valores em função do volume comprado.

O markup cairá, consideravelmente, entre diferentes produtos, em função da: sazonalidade, risco, durabilidade, giro, por exemplo. Muitas vezes o markup é elevado por não se saber exatamente o valor do custo. Também, no caso de novos produtos, tal prática é utilizada.

Mas, qualquer método de preço que ignora a demanda, o valor percebido e a concorrência, provavelmente, não levará a um preço otimizado.

O preço de markup permanece popular por várias razões:

- Os vendedores têm mais certeza do custo do que da previsão de demanda.
- Os preços tendem a ser similares ao longo do tempo.
- Muita gente considera este método como mais justo.

2.10 Pesquisa e Adoção

A pesquisa é um procedimento, geralmente formal, que requer um tratamento científico, permitindo descobrir novos caminhos na busca de verdades, em qualquer campo do conhecimento. Devido ao desenvolvimento científico e tecnológico a pesquisa tornou-se uma atividade inerente à vida hodierna.

Pesquisa é uma função administrativa voltada ao desenvolvimento de uma busca reflexiva, sistemática, controlada e crítica que permite descobrir causas, novos fatos (ou dados), realidades, relações, leis, regras, princípios e procedimentos para adequar a organização e/ou a pessoa a uma mudança de estado.

Como a mudança é constante, a necessidade de pesquisar é eterna.

A pesquisa de mercado trata de descobrir que bens e serviços o consumidor deseja, como podem ser vendidos, e procura medir a aceitação deles junto ao público consumidor. Ela pode atuar em todas as fases do projeto, desde a fase da ideia inicial até o lançamento do livro no mercado.

É um trabalho que serve para coleta, qualificação e análise de todas as informações sobre problemas relacionados com o objeto de estudo.

O avanço dos computadores, dos meios de comunicação e da transmissão de dados, bem como a fusão de tecnologias, vem tendo um grande impacto na sociedade, nas organizações e em todos os ramos da atividade humana.

O reconhecimento da importância estratégica da tecnologia está aumentando. Em muitos setores, as atividades de pesquisa cresceram a tal ponto que se transformaram num dos dois ou três itens mais representativos, em termos de função administrativa.

A falta de pesquisa não confere à pessoa dados e informações para a resolução de um determinado problema. Muitas questões ou decisões não podem ser respondidas apenas com fatos, pois, além destes, existem valores que evoluem com o passar do tempo.

A adoção do livro é uma fase do processo de aceitação do produto, em que o leitor passa a divulgar, ou não, o livro. A mais antiga abordagem utilizada pelos especialistas em marketing para o lançamento de um novo produto era a de distribuir amplamente e de informar todo mundo que pudesse ser um comprador potencial do mesmo.

Observou-se que as pessoas diferem no tocante ao interesse em novos produtos e na rapidez com que são levadas a experimentar a novidade. A tarefa do gerente de marketing, por ocasião do lançamento do livro, é definir os tipos de leitor para o novo produto e questionar:

- Devem ser do tipo de adotantes imediatos?
- Devem ser grandes consumidores?
- Devem possuir grande liderança de opinião?
- Devem ser fáceis de alcançar?

O executivo de marketing da editora precisa entender que as inovações são assimiladas pelo sistema social com o tempo. A adoção do produto, por si só, é uma decisão por parte do indivíduo. As pessoas diferem acentuadamente em suas propensões a experimentarem novos produtos.

A influência pessoal exerce um papel muito grande na adoção dos novos produtos.

Embora a influência pessoal seja um fator importante, seu significado é maior em algumas situações e mais forte para alguns indivíduos do que para outros. Esta influência é mais importante, ainda, no estágio de avaliação do processo de adoção do que nos outros estágios. Sua influência é mais notada nos adotantes mediatos do que nos imediatos.

Após o lançamento do novo produto no mercado, devemos realizar verificações periódicas para determinar sua aceitação. Como é possível que os concorrentes modifiquem suas estratégias de venda, sua propaganda ou preços, é importante que se obtenha informações periódicas sobre o efeito dessas alterações.

Assim, é importante que haja um acompanhamento, durante um período de, pelo menos, seis meses, porque a comparação com os novos resultados alcançados torna possível avaliar se as medidas aplicadas resolveram a problemática em pauta e, também, para verificar se existem ajustes, mudanças e modificações convenientes a serem realizadas.

É, pois, imperativo que seja feito um teste piloto, para evitar que um novo lançamento fracasse, devido à deficiência técnica. Em alguns casos estes testes são extremamente caros.

Em muitas situações, os testes são, diretamente, feitos junto aos leitores. Amostras de publicações são entregues para testes de consumo. Tais testes ajudam a determinar pontos fracos e pontos fortes do livro.

A editora, ao planejar um novo produto, deve paralelamente planejar o seu lançamento no mercado. O teste de venda do novo produto deve ser feito dentro de uma zona delimitada do mercado, a que chamamos de mercado experimental.

As condições para os testes de venda devem ser as mais normais possíveis. A operação deve ser igual à que a editora adotará, caso seja decidido o acréscimo do mesmo à linha de produção.

Ao ser realizado um teste de vendas, é importante lembrar que não apenas um, mas vários fatores estão sendo avaliados. Também, estão sendo testados simultaneamente: o produto, a mensagem, o meio da propaganda, os canais de distribuição, o preço de lançamento, a aceitação do nível de qualidade, por exemplo.

Estes testes, embora dispendiosos e demorados, são vitais como um futuro plano de vendas do livro.

Capítulo 3

Estrutura do Livro

"Feliz é o homem que encontra a sabedoria e a concede".
Charles Darwin

Objetivo do Capítulo

- Mostrar como um livro é estruturado e a conceituação de suas partes, bem como apresentar exemplos.
- Mostrar a sequencia de desenvolvimento de um livro.
- Orientar e habilitar o autor em potencial a se transformar em alguém que apresente seu projeto de livro nas condições ideais de aceitação por uma editora.

3.1 Estrutura Básica

A estrutura básica do livro objetiva buscar a simplificação, verificar e comparar a documentação em busca de dados relevantes, enumerar os itens de abordagem, conhecer a composição qualitativa e quantitativa do texto.

Um livro possui basicamente a seguinte estrutura:

- Capa
- Primeiro Caderno (frontispício, ficha catalográfica, registro de direitos autorais, dedicatória, prefácio, sumário, introdução).
- Corpo do Livro (capítulos, itens, subitens, anexos, glossário, bibliografia, índice das ilustrações, índice remissivo).
- Orelhas (orelha referente à obra e orelha referente ao autor).
- Quarta Capa
- Lombada

A estrutura implica em compreender a distribuição do texto no papel. Para tal, é necessário seguir algumas orientações:

- Encadear e hierarquizar as orações, por meio da coordenação e subordinação.
- Organizar o período em oração principal e orações secundárias.
- Dispor, em primeiro lugar, a ideia principal, seguida dos pormenores.
- Completar o pensamento, por meio de ilustrações.

3.2 Capa e Frontispício do Livro

Como há muita confusão entre capa, folha de rosto e frontispício, é importante que se faça distinção entre entre estes conceitos:

Capa: Parte frontal externa do livro, em que deve constar o título da obra, o nome do autor e o nome de editora.

Folha de Rosto: A folha rosto é como uma capa que deve chamar a atenção do leitor. Folha que encabeça qualquer projeto, para realçar a sua importância.

Frontispício: Folha de rosto com uma estampa (desenho, diagramação), tendo o nome do autor, título da obra e logomarca da editora.

3.3 Ficha Catalográfica

A ficha catalográfica é uma ficha de cadastro, colocada no verso do frontispício para identificar os elementos constitutivos da obra. A seguir, um exemplo:

Coprygh© 2018 by Nelson Pereira da Costa

Todos os direitos desta edição estão reservados à Editora Ciência Moderna Ltda.

De acordo com a Lei 9.610 de 19/02/1998, nenhuma parte deste livro poderá ser reproduzida, transmitida e gravada, por qualquer meio, sem a prévia autorização, por escrito, da Editora.

Editor: ______________________________
Produção Editorial: ________________
Copidesque: ______________________
Capa: _____________________________
Diagramação: _____________________

Finalização: ______________________

CIP – Brasil. Catalogação na Fonte
Sindicato Nacional dos Editores de Livros – RJ

C874m
Costa, Nelson Pereira da
Marketing para Empreendedores: Uma Abordagem da Empresa com Foco no Mercado.
Nelson Pereira da Costa. Rio de Janeiro. Ciência Moderna. 2018.
500 p

Contém exercícios resolvidos
Inclui Bibliografia e Índice Remissivo

ISBN XX-XXXX-XXX-X

Conteúdo dos Capítulos: Mercado, Produto, Comercialização, ...

2018
Impresso no Brasil

Editora Ciência Moderna
Endereço Físico:
Endereço Virtual:
Site:
Telefones:

3.4 Reserva de Direito

A reserva de direito é o registro do livro no Escritório de Direitos Autorais da Fundação Biblioteca Nacional. Embora a Lei proteja a criação intelectual, estabelecendo o direito do autor, para maior segurança, deve-se registrar a obra. O registro protege o autor de possíveis furtos autorais.

Para registro o autor deve acessar a página na internet do Escritório de Direitos Autorais, tendo nesta página todas as informações pertinentes e como proceder.

A seguir, um exemplo de como deve o autor proceder, após ter em mãos a Certidão de Registro ou Averbação do livro. Esta anotação deve constar no verso do Frontispício:

Todos os direitos desta edição estão reservados a Nelson Pereira da Costa, registro 650.295, Livro 1.251, Folha 173, do Certificado de Registro e Averbação do Escritório de Direitos Autorais, da Fundação Biblioteca Nacional, em 15 de agosto de 2014.

É proibida a publicação deste volume, ou parte do mesmo, sob qualquer meio, sem autorização expressa do autor.

3.5 Dedicatória

A dedicatória não deve ser lacônica ou muito extensa. Precisa estar centralizada na página. Deve ser um texto que justifique o motivo de tal. É comum se ver dedicatórias muito simples, como a do maior escritor nacional de Administração, Idalberto Chiavenato, cuja dedicatória em todos os seus livros é: A Rita.

A seguir, dois exemplos:

A Anderson Jorge
Meu filho que sempre teve muitas dificuldades
em administrar seus negócios, mas que perseverou
em alcançar seus objetivos de vida, com trabalho,
dedicação, determinação e estudo, requisitos básicos de
um empreendedor de sucesso.

A Manoel e Beatriz (in memoriam)
Meus pais e amigos que me deram educação,
apoio e condições para que eu pudesse
estudar e ter a melhor formação possível.
Grato pela paciência e bondade.
Muita Saudade.

3.6 Prefácio

O prefácio é um texto que aborda o motivo pelo qual o autor está escrevendo seu livro. É um texto breve, que antecede uma obra escrita e que serve como uma apresentação. A seguir, um exemplo:

Prefácio

Após ter escrito cerca de 20 livros (publicados e editados) de Administração & Negócios, nos últimos 18 anos, achei por bem escrever um texto que traga os conceitos básicos e necessários ao

Administrador Empreendedor, para que este se expresse de maneira adequada e correta, a fim de que sua equipe tenha um vocabulário de padrões pertinente ao Campo da Administração. Vale acrescentar que sempre construí livros didáticos com remissivos bastante longos, visando à Função Pesquisa da Universidade.

Hoje, vivemos a primazia da imagem sobre a palavra. É muito comum, entre nós, que os meios audiovisuais (cinema, televisão, internet) foram, aos poucos, deixando os livros para trás. As previsões são pessimistas quanto à cultura da boa definição, do conceito correto, da terminologia adequada e da linguagem profissional.

Os livros, dentro de pouco tempo, estarão mortos e enterrados, fazendo com que os amantes da cultura livresca, como eu, lamentem, pois serão aniquilados da comunicação com os mais jovens, porque estes gostam do que é efêmero e superficial. Eles adoram tudo que seja novidade e descartável. E desse modo, viverão em um lixo cultural, perdendo o rumo de suas próprias vidas. Pularão de um arquivo para outro, sem planejamento, direção e controle.

Na civilização atual a técnica é o ensaio e erro (Teoria Heurística) até encontrar aquilo que se quer, afinal existem tantas máquinas de busca, para que usar a inteligência e a reflexão. Nossa época, em conformidade com a inflexível pressão da cultura dominante, que privilegia o engenho em vez da inteligência, as imagens em vez das ideias, o humor em vez da sisudez, o banal em vez do profundo e o frívolo em vez do sério, já não produz criadores.

Passei por uma Faculdade de Administração sem ter visto um professor que tivesse a coragem didática de trazer, à sala de aula, conceitos do Mundo Corporativo. As sutilezas entre conceito, definição e termo jamais foram abordadas.

É muito comum encontrarmos alunos, professores e autores que não são capazes de exprimir com clareza aquilo que falam ou escrevem. Essa dúvida sempre me atormentou. Hoje, acredito que era por falta de conhecimento. Daí o cuidado para não usar a mesma palavra para coisas diferentes, ou dar diversas designações para a mesma coisa.

Quando comparamos as definições de um conceito proposto em épocas diferentes, verificamos, geralmente, que há um denominador comum, mesmo que este tenha sofrido uma mudança, em função da evolução científica e tecnológica. Então, podemos dizer que um Glossário é, por excelência, uma obra dinâmica.

O indivíduo inteligente médio continua incerto sobre a natureza da definição, da finalidade e da maneira como se pode saber se é boa ou má. Assim, ficamos com a seguinte máxima: *Uma definição é boa no grau em que seja útil.*

Quando estudamos as funções administrativas e organizacionais, temos, forçosamente, que afirmar que um texto didático passa pela conceituação, pois é o único caminho para saber o que comunicar numa determinada ordem, ação, decisão, técnica, instrução, política, estratégia e tática, por exemplo. Assim, há o empenho máximo em buscar, no atual projeto, a concisão, a clareza e a precisão.

Este Livro, ***Glossário do Empreendedor: Uma Coletânea de Conceitos do Mundo Corporativo***, tem o propósito de mostrar não só os conceitos, como também apresentar elementos adredes, que ajudem a fundamentar este projeto. É sempre bom lembrar que para ser pragmático e comunicativo, antes de mais nada, é ser um emérito conhecedor dos conceitos desenvolvidos e aplicados pelos cientistas de todo o mundo. Kurt Lewin nos deixou uma frase lapidar: *Nada é mais prático do que uma boa teoria.*

O bom gestor precisa falar com aos seus comandados de forma que estes o entendam, já que cada Campo do Conhecimento tem seu linguajar próprio. O médico, o engenheiro, o economista, o advogado, por exemplo, têm maneiras próprias de comunicação. Quando conversam entre si, o leigo não os entende.

Vale fazer, no momento, uma observação muito importante: Um Glossário não é um Dicionário, embora muitos autores achem que seja a mesma coisa. Esta obra não só mostra conceitos, como também: fórmulas, figuras, quadros, equações, tabelas, fluxogramas, modelos, planilhas, matrizes, demonstrativos e análises.

Gostaria de agradecer a todos aqueles autores que li, por meio de suas obras, tendo em vista que a minha formação intelectual e cultural se deve a todos os livros que estudei até hoje. Também não poderia deixar de lado o agradecimento a todos os exigentes professores que passaram pela minha vida.

Nelson Pereira da Costa

3.7 Sumário

O sumário é o próprio esboço do trabalho. Erradamente denominado de índice, este deve conter a estrutura organizacional do livro com suas principais divisões e subdivisões. Ele é uma lista dos itens (partes, capítulos) abordados em um livro. A seguir, um exemplo:

Sumário

Os demais Capítulos seguem a mesma estrutura.

3.8 Apresentação

A apresentação é o ato de alguém, ou uma organização, mostrar algo, objeto, pessoa, bem, serviço ou ideia, sempre ressaltando seus benefícios. No livro é um texto do Primeiro Caderno com a finalidade de substituir as orelhas de um livro. Geralmente, é feita em livros de corte reto.

A primeira parte do texto fala da obra e a segunda fala do autor. A seguir, um exemplo:

Apresentação

Este livro tem o propósito de atender as dificuldades daqueles que querem empreender um Restaurante, mas não sabem, exatamente, como. Assim, considera-se altamente necessário e relevante o presente livro, já que o mesmo pretende ser um Manual para dar apoio gerencial, para empresários já estabelecidos e para novos empreendedores que queiram investir no Mercado Gastronômico.

O futuro será cada vez mais desafiador para as empresas. As novas práticas de gestão empresarial têm enfatizado os recursos em modelos participativos de administração. Como consequência, as empresas não têm outra alternativa para a sobrevivência, senão através de estratégias que lhes permitam atingir níveis elevados de produtividade, competitividade e excelência.

A questão fundamental é que tais empresas começam a perceber que já não é possível ser competitivo atuando isoladamente, isto é, verticalizando todas as etapas de operação do negócio, como numa economia de escala.

Se você acredita que sempre é possível melhorar qualquer processo, então, este livro lhe será muito útil, pois teve colaboradores com larga experiência profissional e acadêmica, contendo inúmeros exemplos, gráficos, fórmulas, planilhas, que ajudarão a iluminar o caminho para o sucesso.

A objetividade, a conceituação, a atualização e a concisão são marcas de ***Gestão de Restaurante: Uma Abordagem do Investimento até a Análise do Resultado***, livro que ajudará o leitor a entender que, sem conhecimento de Administração, será improvável ter sucesso na direção de um empreendimento. O autor trás aquilo que é importante e relevante saber, por meio dos seguintes títulos de seus Capítulos:

- Projeto
- Dados e Informações
- Pesquisa de Mercado
- Empreendimento em Alimentos
- Investimento, Crédito e Financiamento
- Recursos
- Produto, Comercialização e Vendas
- Legislação, Política e Procedimento
- Produção, Qualidade e Segurança
- Cozinha
- Compra, Armazenamento e Logística
- Custo, Preço e Lucro
- Controles Contábeis
- Indicadores de Gestão

Nelson Pereira da Costa possui uma experiência muito grande como administrador e professor. Trabalhou muitos anos em Administração, tendo desenvolvido seu profissionalismo em grandes empresas, sendo uma delas uma grande fábrica, onde foi Administrador de Contratos da Diretoria de Vendas, cargo que o obrigou a conhecer da Recepção até a Expedição.

Foi professor de algumas instituições de ensino superior, chegando em duas delas à Coordenação do Curso de Administração. Participou como sócio-gerente de uma sociedade fabril de roupas, onde assumiu a direção de várias funções organizacionais, adquirindo, com isso, grande conhecimento da gestão de recursos de uma pequena empresa.

Possui os seguintes livros publicados: *Marketing para Empreendedores; Básico de Administração; Tempo: Aprenda a Administrar; Comunicação Empresarial; Análise do Resultado Empresarial e Documentos Empresariais; Administração para Empreendedores: Antologia do Empreendedor; Sistemas de Informação; Glossário do Empreendedor.*

Como formação o autor apresenta os seguintes mais importantes cursos: Telecomunicações (CEFET): Administração (SUAM); Marketing (FGV); Formação de Oficiais da Reserva do Exército (CPOR); Formação de Professores do Ensino Industrial (CETEG); Pós-Graduação em Metodologia do Ensino Superior (UGF); Mestrado em Administração (UFF).

3.9 Introdução

A introdução é um texto que prepara o leitor para o que vai ser desenvolvido no livro. A introdução faz parte do primeiro caderno. Desempenha função específica no sentido de introduzir o leitor em relação ao assunto, e vice-versa.

A introdução deve conter, de forma corrida, o assunto e seus principais elementos, como: delimitação, justificativa, relevância, interesse, objetivo, escopo, fato gerador, sem excessos para não fazer o leitor desistir a meio caminho. A seguir, um exemplo:

Introdução

É sabido que a chamada Revolução Industrial trouxe, como principais transformações do mundo econômico e social, a concentração da capacidade produtiva do homem, conseguindo mais recursos, através do domínio da energia. Esse esforço baseou-se no aperfeiçoamento das técnicas de produtividade.

Como tudo tem um limite, de repente, começou-se a perceber que o tamanho da produção dependia de outras coisas e não apenas de máquinas, equipamentos e tecnologia. Acontece que, para tudo funcionar a contento, faltava a palavra (recurso) comunicação, porque o trabalho de um depende dos demais, e vice-versa.

Durante este último século, fomos inundados por uma onda de informações em crescimento contínuo. Mas, só, recentemente, uma configuração total da informação, propriamente dita, transformou a economia como um todo. As organizações estão engajadas em um grande programa para aumentar, ampliar, intensificar e entender as relações entre todos os seres e os objetos. É por isso que a economia de rede é um grande negócio.

Nas organizações humanas, cedo se descobriu que a comunicação deveria ser restrita, a partir de certo tamanho, isto é, cada indivíduo só deveria trocar informações com determinados indivíduos, dentro de procedimentos preestabelecidos. Se, por exemplo, 110 pessoas que trabalhem numa empresa, transmitindo umas às outras as mais diversas informações que visem a sua administração e que cada pessoa só fale com outra uma vez por dia, durante cinco minutos, teremos 5.995 (combinação de 110 dois a dois) comunicações por dia, considerando que todos falem com todos.

A cinco minutos cada uma, são aproximadamente 30.000 (5 x 5.995) minutos, ou seja, 500 horas. Do total de aproximadamente 900 horas (110 pessoas × 8 horas), mais de 50% seria gasto na comunicação. Sem falar das horas gastas com: fornecedores de recursos, usuários, consumidores, pacientes e fiscais do governo.

Hoje, com o advento da Internet, as pessoas estão, teoricamente, conectadas a tudo e a todos. É a Era da Informação, da Revolução Digital e da Economia Globalizada. Mas, como administrar este tempo de comunicação? Como não receber informações irrelevantes e e-mails indesejados?

Por outro lado, a experiência tem demonstrado que empresas nacionais optam por "pacotes" importados ao se decidirem por ações, visando à melhoria da qualidade de seus produtos e de seus relacionamentos internos e externos, tudo buscando um bom clima organizacional.

Mesmo adaptadas às nossas condições e às peculiaridades de cada organização, muitas vezes essas "técnicas" não atingem os resultados esperados, particularmente, em como fazer o empregado vestir a camisa da empresa.

O fato de que certas técnicas e novos métodos de comunicação empregados, não levam a crer que o administrador abandone o seu modo pessoal de pô-los em prática, nem deve desprezar seu próprio método de motivar e de se comunicar com aqueles dos quais depende para o bom desempenho de suas funções.

Infelizmente, alguns administradores, com frequência, são levados à dúvida e hesitação por palpiteiros de fala fácil, que insistem em "melhores" métodos de administrar uma empresa.

Com a evolução tecnológica e a consequente expansão dos meios de comunicação, vivenciamos, hoje, uma disponibilidade generalizada da informação. Modifica-se, de certo modo, a tendência de busca de conhecimentos, pela elaboração de modelos sintéticos capazes de digerir a avalanche de dados que sufocam os indivíduos no desempenho de suas múltiplas funções empresariais e sociais.

É bom lembrar, entretanto, que, na maioria das vezes, só se acredita naquilo que se conhece. Ver para crer é uma realidade. Muito pouco se consegue, quando muitos não são informados, utilizam linguagens diferentes ou vêem o mundo com a cor e a tonalidade das lentes que desejam.

Assim, é preciso refletir seriamente e entender que a comunicação não deve ser apenas um instrumento de retórica. É ferramenta de ação construtiva, podendo contribuir decisivamente para o entendimento verdadeiro entre as pessoas, a fim de que os objetivos organizacionais sejam alcançados. Adotando alguns princípios, premissas, processos e práticas, a comunicação fluirá naturalmente e de forma participativa, espontânea e efetiva.

Se você é um chefe e/ou líder, com certeza, utilizará a comunicação como ferramenta de trabalho para motivar subordinados, bem como criar expectativas positivas. Também é por meio da comunicação que coletamos dados de uma pesquisa, seja ela qual for.

É possível coletar dados apenas fazendo observações? Será que o comportamento do observado é verdadeiro ou falso? Por outro lado, como relatar as observações? Escrevendo ou falando? Ou deixando tudo no computador? E a segurança? Todas estas questões devem ser muito bem trabalhadas.

O ser humano sempre precisa parecer mais do que realmente é. Portanto, é preciso ir mais fundo na personalidade do outro, para realizarmos uma verdadeira comunicação.

O administrador deve ficar de olho na comunicação, pois ela é elemento chave que serve de "ponte" entre a tomada de decisão, a resolução do problema e a ação administrativa. Quando se estuda a função administrativa direção, tem-se que, forçosamente, passar pela comunicação, pois é o único caminho para saber: qual ação a executar; qual política guarnecer; qual metodologia utilizar; qual regulamentação seguir?

O leitor deve entender que a documentação tem uma importância bastante relevante, mas que de nada serve se não for comunicada. Se todos, de forma democrática, tiverem acesso aos dados e informações relevantes, serão pessoas muito mais qualificadas para enfrentar um mundo incerto e cambiante.

3.10 Texto

O texto é um conjunto de palavras estruturado de maneira lógica, racional e metodológica. A estrutura lógica do texto permitirá verificar se o autor segue, coerentemente, uma linha de raciocínio. O texto precisa ser congruente com a ideia (objeto de estudo) que se está querendo expressar.

Já o texto didático é, no ensino, a ponte entre a palavra e a realidade do contexto vivenciado. Como o ideal seria que toda aprendizagem se efetuasse em situação real de vida, e não sendo isso possível, o texto didático tem por finalidade simular esta realidade, além de motivar a aula, aumenta o nível de a percepção, economizar esforços, auxiliar na fixação da aprendizagem, dar oportunidade da livre manifestação.

O texto didático deve basear-se em mecanismos de coerência, tanto no que diz respeito à narrativa como na argumentação, obedecendo sempre a uma ordenação lógica e racional. A estruturação de um texto implica sua divisão em capítulos e tópicos. Os tópicos (itens) servem para dividir o texto e orientar o leitor, tornar o texto agradável e a assimilação mais fácil. Eles auxiliam o entendimento, quando bem distribuídos. A divisão é conveniente, porque acrescenta ao texto a qualidade estética.

Deve-se levar em conta também que é impossível variar a tipologia indefinidamente. Assim, usa-se caixa alta (maiúscula) para os tópicos primários e alta e baixa para os secundários e terciários, respectivamente.

O autor deve ter a preocupação no uso de traços, bolinhas, letras ou números. Tentar utilizar, sempre que possível, o mesmo método de particionamento. Se não o fizer criará muita confusão.

3.11 Título

O título é a designação que se coloca no princípio de uma obra ou capítulo. Se houver subtítulo na primeira página do original, este aparecerá embaixo do título principal. Não se utiliza parênteses para os subtítulos. A seguir, um exemplo:

Capítulo 1

PROJETO

Os títulos seguem algumas premissas, tais como:

- O título deve ser realçado (negrito, itálico, grifo).
- Normalmente utiliza-se uma fonte maior do que a utilizada no texto.
- Geralmente, se a fonte (tamanho da letra) for 10 o título será 18 ou 20 e o intertítulo (item) será 12, devendo haver um equilíbrio.
- O intertítulo deverá trazer as preposições, conjunções, artigos e pronomes escritos em caixa baixa.
- Não se usa ponto final nos títulos e intertítulos.
- O artigo no início do título, se for usado para um título, deverá ser para os demais.
- Dificilmente se usa o artigo no início do título.
- Os intertítulos devem começar rente a margem esquerda.

Na hierarquia dos Itens, a metodologia utilizada é:

1 x ....
    1.1 x........
        1.1.1x.......

3.12 Frase Destaque

A frase destaque é uma frase colocada logo abaixo do título do capítulo, com o objetivo de dar um realce ao capítulo. Esta frase deve ser, se possível, congruente com o assunto a ser abordado. A seguir, alguns exemplos:

"Nada é mais prático do que uma boa teoria".

Kurt Lewin

"A mais verdadeira definição de democracia é a igualdade de oportunidade. A verdadeira democracia consiste na organização dos negócios humanos em harmonia com as leis naturais, de modo que cada indivíduo tenha igual oportunidade de funcionar em sua mais alta capacidade possível".

Henry L. Gantt

"Não há vento favorável para quem não sabe para aonde quer ir".

Sêneca

"Há sempre um momento na nossa vida em que uma porta se abre e deixa o futuro entrar".

Graham Greene

"A dificuldade maior do problema é a sua definição".

Albert Einstein

"Raramente dedicamos um estudo e uma reflexão adequada que são talvez a mais importante causa de fracasso dos negócios".

Peter F. Drucker

"O grande trabalho, detrás do discernimento nos negócios, está em encontrar e reconhecer os fatos e as circunstâncias relativas à tecnologia, ao mercado e ao ambiente, tendo sempre uma visão dúbia e cambiante de tudo".

Alfred P. Sloan

3.13 Item e Subitem

Os itens e subitens dividem o capítulo em conteúdos menores. A seguir, um exemplo:

1.10 Escolas da Administração, 9
  1.10.1 Escola Econômica da Administração, 9
  1.10.2 Escola Pragmática da Administração, 10

1.10.3 Escola Clássica da Administração, 10
1.10.4 Escola das Relações Humanas da Administração, 11
1.10.5 Escola Sociológica da Administração, 12
1.10.6 Escola Comportamental da Administração, 12
1.10.7 Escola Ideológica da Administração, 13
1.10.8 Escola Neoclássica da Administração, 13
1.10.9 Escola Estruturalista da Administração, 13
1.10.10 Escola Satírica da Administração, 14
1.10.11 Escola Sistêmica da Administração, 14
1.10.12 Escola Contingencial da Administração, 15

3.14 Bibliografia

A bibliografia (referências bibliográficas) é uma relação de livros, artigos, relatórios, ensaios que dão suporte e fundamentação a um novo livro, projeto, relatório. Para a NBR 6023 (ABNT), a referência bibliográfica pode aparecer: em nota de rodapé, ao final de um capítulo ou no final do livro.

Dessa forma, elimina-se a antiga duplicidade, vigente no meio acadêmico, de proceder de forma diferente com relação às notas de rodapé. Em qualquer parte do texto em que se localizarem as referências bibliográficas, o procedimento será sempre o mesmo.

Na bibliografia não há a necessidade de numerar os autores e correspondentes livros, bastando que se coloque em ordem alfabética. São indispensáveis: nome do autor completo, nome da obra em itálico, edição, local da publicação, editora, ano da publicação.

A seguir, um exemplo de como se montar uma bibliografia:

Referências Bibliográficas

ACKOFF, Russel L. *Planejamento da pesquisa social.* São Paulo: EDUSP, 1975.
ANSOFF, H. Igor. *Do planejamento estratégico à administração estratégica.* São Paulo: Atlas, 1981.
AWAD, Elias M. *Processamento de dados nas empresas.* São Paulo: Atlas, 1975.
BARNARD, Chester I. *As funções do executivo.* São Paulo: Atlas, 1971.
BASTOS, Lilia da Rocha. *Manual para a elaboração de projetos e relatórios.* Rio de Janeiro: Zahar, 1979.
BERLO, David K. *O processo de comunicação.* São Paulo: Martins Fontes, 1991.
BERTALANFFY, Ludwing Von. *Teoria geral de sistemas.* Petrópolis: Vozes, 1975.
BIO, Sergio Rodrigues. *Sistemas de informação: um enfoque gerencial.* São Paulo: Atlas, 1991.
BORDENAVE, Juan E. Diaz. *Além dos meios e mensagens.* Petrópolis: Vozes, 1987.
CAHEN, Roger. *Comunicação empresarial.* São Paulo: Best Seller, 1990.

CARVALHO, Gilda M. Rocha e Márcia da S. Tavares. *Informação & conhecimento: uma abordagem organizacional.* Rio de Janeiro: Qualitymark, 2001.

CASAS, Alexandre L. Las. *Novos rumos do marketing.* São Paulo: Atlas, 2001.

CAUTELA A. Lourenço e Enrico. G. F. Polloni. *Sistemas de informação.* São Paulo: LTC, 1992.

CHANDLER, Jr. Alfred. *O século eletrônico.* Rio de Janeiro: Campus, 2002.

CHAPPELL, R. T. *Comunicação interna na empresa moderna.* Rio de Janeiro: Forum, 1973.

CHIAVENATO, Idalberto. *Administração de recursos humanos.* São Paulo: Atlas, 1999.

CHIAVENATO, Idalberto. *Administração: teoria, processo e prática.* São Paulo: Makron Books, 1987.

CHIAVENATO, Idalberto. *Iniciação à organização e técnica comercial.* São Paulo: McGraw Hill, 1989.

CHIAVENATO, Idalberto. *Introdução à teoria geral da administração.* Rio de Janeiro: Campus, 2000.

CHURCHUMAN, C. West. *Introdução à teoria dos sistemas.* Petrópolis: Vozes, 1972.

CORNACHIONE, Edgard B. *Informática.* São Paulo: Atlas, 1998.

CORREIA, Manuel. *EDI-MHS:* a comunicação empresarial global. São Paulo: Érica, 1991.

COSTA, Nelson P. *Análise do resultado empresarial.* Rio de Janeiro: Ciência Moderna, 2010.

COSTA, Nelson P. *Básico de administração.* Rio de Janeiro: Pecos, 2005.

COSTA, Nelson P. *Comunicação empresarial.* Rio de Janeiro: Ciência Moderna, 2008.

COSTA, Nelson P. *Documentos empresariais.* Rio de Janeiro: Ciência Moderna, 2012.

COSTA, Nelson P. Gestão de Restaurante. Rio de Janeiro: Ciência Moderna, 2016.

COSTA, Nelson P. *Marketing para empreendedores.* Rio de Janeiro: Qualitymark 2003.

COSTA, Nelson P. *Tempo: aprenda a administrar.* Rio de Janeiro: Ciência Moderna, 2008.

DENTON, D. Keith. *Qualidade em serviço.* São Paulo: McGraw Hill, 1991.

DRUCKER, Peter F. *Inovação e espírito empreendedor.* São Paulo: Pioneira, 1990.

DRUCKER, Peter F. *Introdução à administração.* São Paulo: Pioneira, 1991.

DRUCKER, Peter F. *O gerente eficaz. Rio de Janeiro: Zahar, 1981.*

DRUCKER, Peter F. *Uma era de descontinuidade.* Rio de Janeiro: Zahar, 1974.

EDERSHEIM, Elizabeth H. *A essência de Peter Drucker. Rio de Janeiro: Campus, 2007.*

FARIA, A. Nogueira. *A comunicação na administração.* Rio de Janeiro: LTC, 1982.

FELICIANO NETO, Acácio et alli. *Engenharia da informação.* São Paulo: McGraw-Hill, 1988.

FURLAN, Jose David. *Engenharia da informação: metodologia, técnicas e ferramentas.* São Paulo: McGraw-Hill, 1988.

GATES, Bill. *A empresa na velocidade do pensamento.* São Paulo: Companhia das Letras, 2001.

HAMPTON, David R. *Administração contemporânea.* São Paulo: McGraw-Hill, 1983.

JOÃO, Belmiro N. *Metodologia de desenvolvimento de sistemas.* São Paulo: Érica, 1993.

KATZ, Daniel e Robert Kanh. *Psicologia social das organizações.* São Paulo: Atlas, 1976.

3.15 Índice Remissivo

O índice remissivo é um índice alfabético dos diversos assuntos tratados numa obra (livro, relatório), com a respectiva indicação de página. Este índice é um instrumento de muita utilidade, especialmente, na orientação do leitor pesquisador quanto à localização de determinadas informações.

Um livro que tenha um índice remissivo facilitará o trabalho com a redução do tempo gasto na coleta de dados. A seguir, um exemplo:

Índice Remissivo

3.16 Índice das Ilustrações

O índice de ilustrações é uma relação em ordem alfabética com indicações das páginas onde se encontram as figuras, tabelas, planilhas, quadros, etc. A seguir, um exemplo:

Índice das Ilustrações

3.17 Índice Onomástico

O índice onomástico é uma relação de autores consultados em ordem alfabética com indicações das páginas onde são citados.

3.18 Índice Analítico dos Textos

O índice dos textos é uma relação alfabética onde são citados os textos que complementam os capítulos. Pode ser também, uma relação de estudos de casos. A seguir, um exemplo:

Índice Analítico dos Textos

- A Busca da Excelência pelo Benchmarking, 159
- A Caixa-Preta das ONGS, 228
- A Capacidade Adaptativa da Organização, 46
- A Capacidade Tecnológica, 215
- A Carreira Profissional, 75
- A Cidade e o Varejo, 20
- A Compulsão pela Inutilidade, 26
- A Comunicação Hierárquica, 142
- A Concepção Pragmática da Administração, 75
- A Credibilidade de uma Marca, 52
- A Cultura da Qualidade, 160
- A Dimensão Humana, 35
- A Dinâmica do Conhecimento, 205
- A Disponibilidade Financeira, 127
- A Ditadura do Grande Varejo, 7
- A Economia da Globalização, 192
- A Empresa como Investimento, 98
- A Empresa Familiar, 86
- A Estreiteza dos Governantes, 11
- A Estrutura Ideal Existe? 179
- A Eterna Instabilidade, 1
- A Febre da Ocupação, 36
- A Finalidade do Marketing, 161
- A Força do Hábito, 21
- A Formação do Executivo, 217
- A Garra Pessoal nas Vendas, 37
- A História da Internet, 119
- A História da Qualidade no Japão, 162
- A História do Consumerismo, 52

3.19 Orelhas

Quando o livro possui orelhas, isto é, não é de corte reto, o autor deve escrever na primeira orelha uma síntese do que vem a ser o livro. Na segunda orelha deve informar sobre o autor. A seguir, exemplos:

Primeira Orelha:

O texto, a seguir, apresentado, se define como uma ferramenta de trabalho, para o planejamento e desenvolvimento de um Restaurante, cuja finalidade é atender os consumidores em três frentes: servir refeições prontas em uma loja; distribuir alimentos congelados para bares e quiosques; dar suporte de bufê a pequenos e médios eventos.

Gestão de Restaurante, ajudará os donos de restaurantes e potenciais empreendedores do ramo da gastronomia, naquilo que é relevante saber para bem conduzir o negócio.

Tal livro abordará desde a ideia inicial até o controle dos indicadores de gestão, passando por conhecimentos fundamentais, tais como:

Projeto; Dados; Informações; Pesquisa de Mercado; Empreendimento; Alimentos; Investimento; Financiamento; Recursos; Produtos; Legislações; Políticas; Procedimentos; Produção; Qualidade; Segurança; Cozinha; Compras; Logística; Custos; Preços; Vendas; Lucro; Controles Contábeis e Indicadores de Gestão.

Assim, considera-se altamente necessário o presente livro, já que o mesmo possui uma linguagem bastante clara, concisa e objetiva, de forma didática, com inúmeras ilustrações, como também fórmulas, planilhas, exercícios numéricos resolvidos e análises de resultado, visando facilitar o empreendedor gastronômico no seu insipiente conhecimento da gestão de recursos e da administração de varejo de alimentos.

Nossa Editora acredita que este livro se tornará um Manual Operacional para dar apoio gerencial aos investidores do Mercado Gastronômico.

Segunda Orelha:

Nelson Pereira da Costa possui uma experiência muito grande como administrador e professor. Trabalhou muitos anos em Administração, tendo desenvolvido seu profissionalismo em grandes empresas, sendo uma delas uma grande fábrica, onde foi Administrador de Contratos da Diretoria de Vendas, cargo que o obrigou a conhecer da Recepção até a Expedição.

Foi professor de algumas instituições de ensino superior, chegando em duas delas à Coordenação do Curso de Administração. Participou como sócio-gerente de uma sociedade fabril de roupas, onde assumiu a direção de várias funções organizacionais, adquirindo, com isso, grande conhecimento da gestão de recursos de uma pequena empresa.

Possui os seguintes livros publicados:

- *Marketing para Empreendedores*
- *Básico de Administração*
- *Tempo: Aprenda a Administrar*
- *Comunicação Empresarial*
- *Análise do Resultado Empresarial*
- *Documentos Empresariais*
- *Gestão de Restaurante*
- *Administração para Empreendedores*
- *Antologia do Empreendedor*
- *Sistemas de Informação*
- *Glossário do Empreendedor*

Como formação o autor apresenta os seguintes mais importantes cursos:

- Telecomunicações (CEFET)
- Administração (SUAM)
- Marketing (FGV)
- Formação de Oficiais da Reserva do Exército (CPOR)
- Formação de Professores do Ensino Industrial (CETEG)
- Pós-Graduação em Metodologia do Ensino Superior (UGF)
- Mestrado em Administração (UFF)

3.20 Quarta Capa

A quarta capa é um texto que ajuda a chamar a atenção do comprador, pois sua função é mostrar a que veio o livro. Uma espécie de release do livro. A seguir, um exemplo:

Qual a importância do tempo? Por que certos indivíduos precisam de um dia que tenha mais do que 24 horas? Raras são as pessoas com capacidade para administrar o tempo de maneira inteligente. Elas estão sempre reclamando que não têm tempo para nada. O tempo é igual para todos. Por que as horas passam tão rápidas para certas pessoas e para outras não?

O problema não é do tempo, mas sim do uso que dele fazemos. Como disse Benjamin Franklin: "Não gaste seu tempo inutilmente, pois é dele que a vida é feita". Dentre os recursos, o tempo possui características bem próprias, porque não tem cheiro, massa, comprimento, peso, densidade, volume, temperatura e local de atuação.

A água se transforma em gelo, e vice-versa. O combustível em energia. Entretanto, o tempo, uma vez utilizado (transcorrido, medido) desaparece, não tem permanência, consistência, corre em segundos, minutos, horas, dias, semanas, meses, anos, séculos e milênios. Qualquer pessoa anseia por mais tempo ou por melhor uso dele. Então, o tempo deve ter muito valor.

Uma outra consideração é o fato de que algumas pessoas têm tempo suficiente e outras acham que não têm, tendo em vista que o tempo é um bem distribuído de forma justa para todas. Muito mais justa do que a distribuição da renda, da propriedade, da beleza, da inteligência e da saúde, por exemplo. Numa análise simples e rasteira sobre o sucesso das pessoas, tirando-se o fator sorte, pode-se dizer que elas utilizaram o tempo de forma útil e inteligente.

Os bem-sucedidos, geralmente, usam melhor o tempo para ações bem pensadas, enquanto os outros deixam de aproveitar o tempo de maneira adequada. Os objetivos alcançados dependem muito da forma pela qual aplicamos o nosso tempo.

Esta obra pretende ser um híbrido de didática, autoajuda e autoanálise para leitores que se atrapalham quando chamados a administrar o próprio tempo e o dos outros. Durante a leitura você verá que já vivenciou os desperdícios de tempo apontados no livro.

3.21 Marcador

O marcador é um cartão para marcar a página de leitura, tendo 4 cm de largura por 16 cm de altura, que apresenta uma miniatura da capa do livro. A seguir, um exemplo:

Nome do Autor

Marketing

para

Empreendedores

Este livro levará você a compreender que, sem o conhecimento de Marketing, será difícil ter sucesso como empreendedor

(LOGOMARCA)

Endereço Físico

Canais de Comunicação:

Horário de

Atendimento:

Capítulo 4

Editoração

"Aquele que conseguir colher dois cestos de cereais onde antes só se colhia um, merecerá mais da humanidade que qualquer filósofo especulativo ou criador de sistemas metafísicos".

Jonathan Swift

Objetivo do Capítulo

- Mostrar conceitos que complementam o conhecimento do autor iniciante.
- Mostrar as diferenças entre editoração e diagramação.
- Mostrar a necessidade de conhecer normalização textual.

4.1 Editoração

A editoração é a arte do autor em escrever seu livro. É um exercício contínuo de crítica, observação e gosto pela arte de escrever. Quando a editoração é feita na editora ela recebe o nome de diagramação. Talvez porque ela é feita pelo diagramador que, muitas vezes, também é a pessoa que faz a capa do livro ou aquele com conhecimentos de arte final.

Um livro, primeiro, é editado e depois diagramado, dentro das normas próprias de cada Editora e da Legislação Vigente.

Editorar um livro significa dar-lhe a sua forma definitiva, para fins de divulgação. Ainda que o livro tenha sido elaborado com determinado propósito, o tratamento a ser dispensado do ponto de vista editorial deve ser o mesmo como se o livro fosse solicitado para publicação.

A etapa de editoração, apesar de não ser uma tarefa complexa, é bastante trabalhosa. Assim, certos cuidados especiais devem ser observados para que uma boa forma seja mantida nas apresentações gráfica e material.

Inútil seria argumentar, dizendo que um bom conteúdo dispensa uma embalagem de "design" bem elaborado. A prática nos permite dizer que um bom conteúdo e uma boa forma andam juntos, isto é, expressões de uma mente metódica e organizada como deve ter um bom escritor.

Para se ter uma forma atraente, agradável e correta, o livro deve seguir determinados princípios. Tais princípios vão desde a escolha do papel, bem com o seu tamanho e configuração da página.

A eficácia de um livro resulta da habilidade do escritor em escolher palavras apropriadas a um público-alvo específico. A efetividade só é alcançada quando serve ao objetivo do emissor, causando uma resposta rápida e positiva do receptor.

O livro deve ser simples, conciso e não se atolar em detalhes inúteis. Nunca escrever mais do que o necessário. É muito útil se o livro for escrito por pessoa que saiba prender a atenção do leitor. Lembre-se que um romance policial bem escrito é lido com mais interesse do que uma enciclopédia.

Uma metodologia de editoração de um livro facilitará o autor:

- Selecionar temas, assuntos, matérias e tópicos de abordagem.
- Definir o campo de conhecimento a ser trabalhado.
- Pesquisar, analisar, classificar e avaliar os dados coletados.
- Preparar um esquema de trabalho.
- Hierarquizar as ideias e estabelecer relações.
- Identificar a ideia principal e partir dela para construir o livro.
- Sistematizar a exposição.
- Escolher o estilo redacional e a forma de apresentação.
- Revisar todo o rascunho.
- Comunicar o livro ao mercado editorial.
- Acompanhar a venda do livro.

A abordagem que se deve dar ao livro é sistêmica, porque uma parte compromete a outra. Sempre ir do simples para o complexo, usando uma linguagem concisa, não prolixa. O autor deve escreve para o leitor e não para si mesmo.

O estudo sistêmico de uma atividade procura ressaltar aquilo que seja relevante, evidente e útil. Enfoque que se preocupa em descrever e explicar um assunto sob uma determinada perspectiva.

Antes de enviar a brochura do livro ao editor, deve-se manter uma cópia em papel, para evitar dissabores. Salvar todo o material em meio denso (disco, pendrive). Se houver fotografias digitalizadas, é bom que as mande em arquivos separados.

A brochura é o nome dado a uma encadernação editada em computador de um livro, em geral, no tamanho da Folha A4.

4.2 Página

Página é cada lado de uma folha de papel. A folha tem duas páginas: uma superior e outra inferior, que chamamos de página impar e página par. As páginas de um livro são classificadas, basicamente, em:

- Página Capitular: Página que inicia um capítulo.
- Página de Começo: Página que inicia o livro.
- Página de Rosto: Página da folha de rosto que contém o título, também conhecida como frontispício.

Na editoração de uma página, o autor deve observar:

- Todo capítulo começa em página ímpar.
- O autor deve fazer, se possível, um esforço para que o capítulo termine em página par.
- O texto da página deve ser "ventilado", para não cansar o leitor.
- Os parágrafos não podem ser longos.
- O autor deve, sempre que possível, usar a voz ativa.
- O autor deve escrever parágrafos curtos.
- A fonte da letra deve ser simples. É comum o uso de Arial em brochuras.

A hifenização deve ser utilizada devido ao custo. Um livro não hifenizado é mais longo do que aquele que é, custando mais papel e aumentando o trabalho gráfico.

Quanto ao hífen, é bom entender que só se ligam por hífen os elementos das palavras compostas em que se mantém a noção de composição, isto é, os elementos das palavras compostas que mantém a sua independência fonética, conservando cada um a sua própria acentuação, porém formando um conjunto de perfeita unidade de sentido.

Observação: O autor deve estar com um novo dicionário ao lado quando escreve, porque a língua portuguesa já teve tantas reformas que confunde o autor iniciante. Também em um bom livro de verbos.

É comum na apresentação da Brochura Inicial que o autor utilize as margens: Margem Superior (1,5cm); Margem Inferior(1,5cm); Margem Esquerda (2,0cm); Margem Direita (2,0cm); Medianiz (Zero); Rodapé (1,25cm); Cabeçalho (1,25cm).

4.3 Letra

Na digitação, usar apenas um tipo de letra. A impressão deve priorizar tonalidades pretas. Evitar tanto quanto possível expressões com todas as letras maiúsculas. Usando negrito, itálico e sublinhado, se ganha em apresentação estética e legibilidade. Uma grande dificuldade é quando usar a letra maiúscula e a letra minúscula. A seguir, algumas regras:

Usar letra maiúscula nos seguintes casos:

- Nomes de altos cargos, dignidades ou postos governamentais, somente, quando aparecerem seguidos de nomes próprios: Secretário Geral, Ministro, Presidente, Senador, Deputado, Governador, Desembargador, Juiz, Papa, Prefeito.
- Nomes de repartições, corporações, agremiações, instituições, empresas.
- Títulos de periódicos, produções artísticas, jornais revistas.
- Nomes de escolas de qualquer grau.
- Nomes comuns personificados ou individualizados: o Poeta, a Capital.
- Nomes de atos de autoridades da república: Código Florestal, Lei de Imprensa.
- Capítulo, figura, tabela e quadro, quando diretamente citados: Capítulo 2, Figura 2.2.
- Prefixo vice: Vice-Presidente.
- Nomes próprios de períodos da História: Era da Informação, Idade Média, Revolução Industrial.
- Nome de ciências e disciplinas.
- Leis, decretos-leis, portarias, etc.
- Estado, com o significado de unidade da federação.
- Assembleia Geral escreve-se, indiferentemente, com maiúscula ou minúscula.
- No início de período da redação.
- No começo de verso ou citação direta.
- Nos substantivos próprios.
- Nos nomes de vias e lugares públicos.
- Nos nomes de fatos históricos: Queda da Bastilha, Inconfidência Mineira.
- Nos nomes de pontos cardeais.
- Nos nomes de adjetivos, pronomes e expressões de tratamento (Prezado, Caro).

Usar letra minúscula nos seguintes casos:

- Nomes derivados: keynesiano, weberiano.
- Nomes de meses: janeiro.
- Adjetivos gentílicos, ou nomes de povos: brasileiro.
- Nomes próprios que, ligados por hífen a outras palavras, formam unidades semânticas: diretor-geral, dia a dia, mão de obra.
- Pontos cardeais somente quando indicam direção ou limite geográfico: o norte do Pará.

- Nomes de acidentes geográficos que não sejam parte integrante do nome próprio: rio Amazonas.
- Prefixo ex: ex-Presidente da República.
- Nome dos dias da semana.
- Nome das estações do ano.
- Nome de festas: carnaval, reisado, natal.
- Depois de dois pontos.
- Nos nomes de acidentes geográficos: rio Negro, oceano Atlântico

4.4 Diagramação

A diagramação em livros é arte do diagramador, nome dado a quem, em recebendo a brochura do autor, por qualquer meio, digita o texto, seguindo normas da própria Editora. Para que não haja problemas na diagramação é recomendado atentar para os seguintes requisitos:

Padronização – A diagramação precisa ter elementos cuja nomenclatura seja homogênea, uniforme e coerente.

Atualização – A diagramação retrata a situação em um determinado momento.

Funcionalidade – A diagramação deve definir como o texto será dividido.

Desempenho – A diagramação deve ser suficientemente clara para atingir o seu propósito.

Congruência – A diagramação deve apresentar um texto congruente àquilo que quer representar.

Coordenação – A diagramação deve ser um mecanismo que ajude a coordenar, integrar e harmonizar as diferentes partes de um bom trabalho, provocando um alto grau de sinergia.

4.5 Linguagem Escrita

A linguagem é uma instituição psicológica que somente surge e evolui na vida social. Ela pode ser oral, escrita ou gestual. Muitos são os requisitos (qualidades próprias) da linguagem escrita. A seguir, abordaremos alguns:

Estilo – Cada linguagem tem estilo próprio, em função da sua finalidade. Um estilo correto de linguagem deve: ser organizado e compreensível; usar o vernáculo com propriedade; ser claro, sem rodeios; levar em consideração o leitor; ser conciso e objetivo. Um estilo incorreto de linguagem é loquaz, confuso, desorganizado, indeciso e opiniático.

Impessoalidade – Todo trabalho deve ter caráter impessoal. Redija-se na terceira pessoa, evitando-se fazer referências pessoais, como "meu trabalho", "meu projeto", "meu estudo". O uso de "nós" para indicar impessoalidade, é igualmente desaconselhável, embora tal construção possa aparecer quando se trata de marcar os resultados obtidos em equipe.

Objetividade – A objetividade relaciona linguagem escrita a resultados positivos. Por isso, esta linguagem deve afastar pontos de vista pessoais que deixem transparecer impressões subjetivas. Expressões como: "eu penso", "parece-me" e outras que violam, frequentemente, o princípio da objetividade, indicando raciocínio subjetivo.

Cortesia – A cortesia é traço importante de todo trabalho, sobretudo quando se trata de discordar dos resultados apresentados. À cortesia sucede a modéstia, quando o escritor se torna especialista em um campo do saber. Assim, o escritor, função de seu conhecimento, em absoluto deve ser arrogante e portar ares de importante. Por outro lado, pode-se afirmar que um clima de cortesia proporciona resultados eficazes.

Função – A linguagem como instrumento de comunicação, pode desempenhar distintas funções. Considerando a comunicação como processo de interação humana que se realiza mediante símbolos organizados em mensagens, é oportuno, então, resumir as suas funções: função estimuladora; função identificadora; função expressiva; função social; função informativa; função persuasiva.

Clareza – Consiste na expressão exata de um pensamento. Um estilo é claro quando apresenta coerência e evidência tal que é impossível deixar de entender o texto. Toda e qualquer questão, todo problema, informação ou ideia deve ser enunciado com absoluta clareza e precisão. Não pode haver resposta clara a uma pergunta ambígua. Não basta ser compreensível, é necessário ser evidente.

Para a clareza recomenda-se o período curto, a ausência de adjetivação, a fuga aos circunlóquios, às ambiguidades, à quebra da ordem lógica. Daí afirmar-se que aprender a escrever é, antes de tudo, aprender a pensar. Ninguém poderá exprimir em termos claros uma ideia ainda confusa em sua mente. Para haver clareza de expressão é necessário que haja, primeiramente, clareza de ideias, e vice-versa.

Coerência – Manifesta coerência o texto, cujas ideias expostas estão atadas de tal modo que a conexão é evidente; coerência esta em oposição à imprecisão, descontinuidade e inconveniência. Coerente é todo texto escrito em linguagem lógica.

As partes de um texto ferreamente relacionadas revelam coerência se não apresentam contradições. Se as divisões não concorrem para o estabelecimento do todo, faltará consistência ao texto.

Daí, a necessidade de ordem e inter-relação. Por coerência se entende a necessidade de narrar fatos sequencialmente (ordem, lógica, espaço e tempo), de tal modo que o desenvolvimento de um depende do outro. Não se admitirá uma parte negando à outra ou em oposição à outra. A parte seguinte será, portanto, um aperfeiçoamento da anterior.

Concisão – A concisão consiste em dizer muito com poucas palavras, evitando digressões inúteis, palavras supérfluas, adjetivação desmedida, clichês, repetições, redundâncias, pleonasmos viciosos, períodos extensos e emaranhados. Essa qualidade ensina a cultivar a economia verbal como forma de alcançar a clareza, no entanto, a preocupação exagerada com o sintético pode levar ao laconismo, que, por sua vez, conduz à obscuridade e à imprecisão.

A concisão recomenda que se encerre um pensamento com menor número de palavras possível. Não prescreve o laconismo, mas a densidade da informação exige que se reflita a cada palavra lançada no texto. Ela limita o número de palavras ao suficiente, e implica o uso de palavras impregnadas de sentido, de vigor e sobriedade. Daí, rejeitar a adjetivação supérflua.

Na linguagem concisa menciona-se somente o que é significativo e expressivo.

Expressividade – Consiste no vigor e energia que se empresta à escrita. A consecução da expressividade envolve argumentação apoiada em fatos e escolha de vocábulos que manifestam coerência e precisão. O escritor aqui se manifesta como um ser dotado de antena sensível, capaz de captar e transmitir situações que possam passar despercebidas à maioria das pessoas.

A expressividade nem sempre anda de mãos dadas com a gramática. Também não se quer afirmar que palavras grosseiras levam a maior expressividade. A criatividade com bom gosto é que deve prevalecer.

Harmonia – A harmonia, juntamente com a correção, a originalidade e a precisão, constituem requisitos básicos de qualquer texto, seja ele comercial, oficial ou literário. À harmonia opõe-se a cacofonia, o eco, o hiato, a colisão, que tornam a frase áspera e malsoante. É desejável que, após a realização de um texto comercial, bem como didático, se faça rigorosa revisão.

Esse processo de correção envolve leitura em voz alta para que se perceba a dureza de alguns vocábulos, e assim, se possa substituí-los por outros agradáveis ao ouvido. A harmonia consiste no ajustamento de palavras, frases e parágrafos à eufonia. O texto não deve apresentar dificuldades de leitura, mas possibilitar cadência, equilíbrio e ordem.

Motivação – Não é uma qualidade de linguagem, mas uma disposição interior para alguma coisa. Tem relação com a linguagem, considerando-se que a falta de determinação e de incentivo tornam o escritor áspero, sem inspiração e incapaz de alcançar um resultado positivo. Consegue-se motivar o leitor adicionando ao texto um fato, um fenômeno, uma teoria, uma analogia, uma anedota, um evento, uma opinião, uma análise, uma pesquisa, uma estória, uma citação.

Naturalidade – A naturalidade consiste em expressar o pensamento sem rebuscamento, sem recorrer ao preciosismo ou à afetação. Refere-se tanto à construção da frase, evitando-se a inversão excessiva dos termos da oração, quanto ao emprego de palavras simples e precisas que correspondam à expressão do pensamento. Evitam-se, portanto, o artificialismo e a falta de sobriedade.

Polidez – A polidez é a qualidade do texto cujo conteúdo se manifesta convicto; que leva a crer, a decidir; que convence o receptor a aceitar as ideias ou pretensões do emissor. Polidez exige docilidade da parte do redator e uso de expressões suáveis.

Propriedade – Consiste no emprego de palavras que traduzam com vigor as ideias que se pretende exprimir. Para escrever com propriedade exige-se conhecimento do assunto e domínio do sistema linguístico.

Em geral, a expressão que melhor traduz um pensamento é aquela que é simples. Para se chegar a ela, entretanto, é necessário buscá-la com insistência. Escrever, reter, reformular e adequar até alcançar a qualidade total que satisfaça o autor e o público-alvo.

Unidade – Consiste em mostrar a ideia central do texto. Prejudicam a unidade: excesso de pormenores; digressões inconvenientes; períodos excessivamente extensos; multiplicidade de sujeitos. Facilitam a obtenção de unidade: uso explícito do tópico frasal; seleção de pormenores; uso do período curto; distribuição de ideias diferentes em parágrafos diversos; uso de frases de sentido completo. Para obter unidade textual recomenda-se:

- Eliminar pormenores que em nada contribuem para o objetivo do texto.
- Evitar se perder em minúcias bibliográficas.
- Relacionar todos os fatos indispensáveis ao esclarecimento daquilo que vai narrar, descrever, comentar, dissertar.
- Evitar as passagens bruscas de um assunto para outro.
- Evitar o uso de parênteses, de frases intercaladas e o ajuntamento de ideias desconexas num mesmo parágrafo.

Figuração – A figuração, ou linguagem figurada, deve ser evitada tanto quanto possível, principalmente, na linguagem corporativa. Entende-se por linguagem figurada a forma de expressão em que a imaginação tem papel relevante. Geralmente, ela exige criatividade e habilidade no manejo da língua, uma vez que altera a maneira habitual de expressar emoções e informações. É através da linguagem figurada que se dá força, vigor, brilho ao pensamento.

Correção – A correção é a obediência à gramática. Leve-se em conta que a excessiva preocupação com o que é errado prejudica a espontaneidade, mas há necessidade de um padrão de linguagem que sirva de instrumento geral de comunicação entre os membros de uma mesma sociedade. Ninguém pode escrever sem o mínimo de cuidado gramatical, sem se preocupar com a estrutura da frase.

É um defeito encontrado, em principiantes, a utilização frequente da subordinação, que, por sua estrutura, favorece a prolixidade. As orações subordinadas tornam o período longo e recheado de orações intercaladas que se envolvem num emaranhado sem fim.

Muitas vezes, acontece de o escritor inexperiente perder a oração principal e a frase ficar incompleta em seu sentido. Hoje, prevalece o gosto pelas orações coordenadas, de compreensão simples e rápida.

Forma – Dependendo do assunto, do destinatário e do objetivo, escolhe-se uma linguagem mais ou menos técnica, mais formal ou mais coloquial. Assim, a forma será desenvolvida, em função do público-alvo. Por exemplo, um economista, escrevendo sobre inflação para outros economistas e com objetivo de apresentar sua solução sobre a questão, utilizará uma forma de linguagem bem diferente daquela que ele mesmo usará, se estiver escrevendo sobre o mesmo assunto, para leitores diversos.

4.6 Redação

Redação é ação de redigir. É a arte de escrever um texto com técnicas apropriadas a um grupo de leitores. A redação varia de acordo com o tipo de trabalho que se deseja apresentar, pois um trabalho escrito supõe o domínio, por parte do autor, do idioma que utiliza para transmitir seus conhecimentos, bem como regras de ortografia, acentuação gráfica e gramática.

As regras de redação serão observadas escrupulosamente. Torna-se, entretanto, indispensável conhecer certas normas especiais relativas à linguagem. Devidamente respeitadas, estas normas orientarão o trabalho do escritor, ajudando a alcançar mais facilmente seus objetivos de comunicar.

Um documento nunca surge por acaso. Ele sempre está relacionado com os efeitos, as correntes de ideias, as opiniões, as mentalidades, os comportamentos, as culturas da época. Determinar as circunstâncias de redação consiste em fornecer uma explicação lógica e objetiva para o aparecimento do texto. Este nunca constitui uma manifestação isolada do espírito humano. Trata-se de inseri-lo no contexto próprio, relacionando-o com fatos, ideias, teorias, ciências, ambientes, mercados, funções, práticas, experiências...

O escritor deve ser breve, selecionando apenas os elementos indispensáveis para se compreender por que o texto foi escrito. Assim, toda redação é um trabalho que deve iniciar-se somente após se ter a escolha do tema.

4.7 Elementos Redacionais

Determinados elementos da redação precisam ser estudados, tais como:

Parágrafo – O mais importante dos elementos, o parágrafo é uma unidade do discurso que tem em vista atingir um objetivo. Diferentemente do que conceitua a gramática tradicional, não se limita a determinar pausas. Sua finalidade vai além de preocupações com as estruturas frasais, com a marcação de fim e começo do pensamento.

Ao parágrafo reserva-se qualidade de graduação de ideias, como a ênfase que se consegue mediante a colocação precisa dos vários segmentos de uma frase. Em geral, se diz que ideias novas compreendem parágrafos novos, mas tal fato não se verifica quer na literatura didática, técnica e científica.

A estrutura e a composição do parágrafo se relacionam com as ideias que queremos expressar. Estas são reunidas num parágrafo, quando se relacionam entre si pelo seu destino. Dentro do mesmo parágrafo podemos ter diferentes ideias, desde que formem uma ideia maior. São qualidades principais do parágrafo a unidade, a coerência e a ênfase. Não se deve iniciar parágrafos consecutivos com a mesma palavra.

Do ponto de vista da unidade, o parágrafo terá uma ideia e um objetivo único para alcançar. Pode ser desenvolvido através da definição, por meio da apresentação de exemplos, de pormenores, mediante comparações e contrates; por intermédio de provas, pela apresentação de causas e consequências.

Do ponto de vista da coerência, exige-se que as frases do parágrafo estejam intimamente inter-relacionadas, de tal modo que todas concorram para alcançar o objetivo predeterminado.

Do ponto de vista da ênfase, recomenda-se a colocação estratégica que encerra a ideia principal.

Período – O período contém um pensamento completo que, embora se relacionando com os anteriores ou se ampliando nos posteriores, forma um sentido completo. Períodos não devem ser longos para facilitar a compreensão.

Frase – A frase deve ser curta, direta e lógica. Ser redigida, sempre que possível, na ordem direta (sujeito + verbo + complemento), evitando-se: pleonasmos, ambiguidades e barbarismos. A variação do comprimento das frases no parágrafo é outro procedimento para se realçar uma ideia. Evite-se o excesso de frases muito curtas, bem como a monotonia das longas. O equilíbrio entre elas é o recomendado, porque proporciona dinâmica, beleza e vida.

Estrutura – A estrutura implica em compreender a distribuição do texto no papel. Para tal, é necessário seguir algumas orientações:

- Encadear e hierarquizar as orações, por meio da coordenação e subordinação.
- Organizar o período em oração principal e orações secundárias.
- Dispor em primeiro lugar a ideia principal, seguida dos pormenores.
- Completar o pensamento, por meio de ilustrações e com analogias a autores famosos.

Estética – A regra fundamental da estética rege as qualidades linguísticas do trabalho escrito. Coerência e consistência são fatores estilísticos igualmente fundamentais. Infelizmente, não há regras que se possam citar para conseguir satisfazer as normas de estilo. Elas são apenas frutos de um trabalho cuidadoso e da habilidade pessoal do autor no uso da língua.

Quando você for iniciar um arquivo num computador é necessário configurar a página (margens, cabeçalho, rodapé, medianiz, margem espelho) e também o tamanho da página que será utilizada para impressão. Para realçar palavras e frases, usar grifo, itálico ou negrito.

Para destacar tópicos de uma relação, metodologia ou programa é comum o uso de marcadores (letras, números e símbolos), seguidos rigorosamente de um ponto. Como, por exemplo: 1. 2. 3. (a.b.c.).

Para o ordinal, não se usa nenhum sinal de pontuação: 1º, 2º, 3º

Eficiência, Eficácia e Efetividade – Enquanto a eficiência na redação depende das técnicas utilizadas, a eficácia só se consegue com criatividade, com a escolha adequada de um estilo para envolver o leitor. Eficiência diz respeito a realizar uma tarefa corretamente. Eficácia diz respeito à tarefa certa de forma que seja alcançado o objetivo. Efetividade diz respeito à oportunidade, momento e tempo, aliadas à eficiência e eficácia.

Originalidade – A originalidade revela a maneira peculiar de dizer e exprimir ideias. Ser original é ser sincero, é ser objetivo, é manifestar o que pensa, fugir aos clichês, às expressões planas e banais. Para ser original exige-se que se fuja ao que é comum, àquilo que todos diriam, a mesmice.

A originalidade está muito mais para a forma do que para o conteúdo. Ela, portanto, não se apoia no rompimento do sistema linguístico. É possível deixar de aceitar rigores gramaticais, mas, nem por isso se passará a adotar posições extremadas ainda não aceitas pelos que utilizam a língua.

Este elemento consiste na forma peculiar de um redator dizer o que tem para transmitir. Ser original é dizer apenas de modo simples, fugindo às expressões triviais e aos chavões. Não está no conteúdo, mas na forma. Está ligada ao estilo do escritor.

Precisão – É o resultado da escolha da palavra certa para a ideia que se quer exprimir. A impropriedade dos termos torna a linguagem obscura. O uso de vocábulo de extensão limitada, exato, com referencial preciso, facilita a decodificação de um texto. Às vezes, as palavras conduzem o leitor a uma armadilha, outras vezes é o próprio escritor que é vítima de sua imprecisão.

A clareza das ideias está em conexão com a precisão vocabular. Para cada ideia é preciso dispor de um vocábulo exato, caso contrário, as impressões serão vagas. Sem vocabulário adequado, o pensamento fica tolhido, a imaginação embotada, a criatividade limitada.

Vocabulário amplo, portanto, facilita a exposição do pensamento, ajuda na segmentação, auxilia a relegar ao segundo plano as expressões triviais. É falacioso considerar, no entanto, que um texto de vocabulário variado tenha tido escritor muito inteligente.

A precisão de uma comunicação não se refere tanto ao uso de vocabulário rico, mas ao emprego de termos necessários e suficientes à elucidação daquilo que se quer transmitir.

4.8 Estilo de Redação

O estilo escolhido pelo autor pode causar impacto no leitor. O estilo de redação está em função do público-alvo. O estilo deve caracterizar e explicar sem a intenção de convencer, aparecer ou impor.

As pessoas têm um modo próprio de expressar seus sentimentos, fenômenos, acontecimentos, observações, cenários e experimentos que presenciam e desejam contar. Essa forma pessoal chama-se estilo.

Os estilos podem ser:

Estilo Editorial – Estilo direto, frases curtas, períodos não muito extensos, sem repetições ou redundâncias, usando o adjetivo e o advérbio somente em situações necessárias. A ordem direta, em geral, prevalece nas publicações didáticas.

Estilo Monótono – É a característica do texto cuja estrutura frasal revela falta de criatividade em virtude do uso de uma sequência de frases independentes muito curtas, monótonas e sem ritmo. São ligadas e inter-relacionadas sempre pelos conectivos: e, mas, aí, então. São estruturas primárias, muito próximas da linguagem infanto-juvenil.

Estilo Lacônico – É o estilo que caracteriza o texto rápido, soluçante, muito curto, despido de toda superficialidade. Suas características assemelham-se às do telegrama. As unidades são breves e os pontos pululam em todo período. Este tipo de texto se vale de frases que, em virtude de sua brevidade, tornam mais fácil a compreensão do texto. A ideia do autor fica mais clara e inteligível. Esta maneira de redigir satisfaz redatores e empresários de hoje, embora tal estilo se revele inadequado quando o receptor é exigente em matéria de linguagem. É o estilo e-mail.

Estilo Ladainha – Texto que se caracteriza como estilo, cuja fonte principal é o Antigo Testamento. O redator hábil que utiliza com sobriedade esse recurso obtém resultados positivos. A linguagem torna-se amena, familiar, clara e os pensamentos são ressaltados pela presença constante da conjunção "e". O abuso ou excesso no uso deste estilo prejudica a eficácia da redação.

Estilo Complexo – É o estilo predileto da escola antiga, dos retóricos. Vale-se, sobretudo, de orações subordinadas muito mal concatenadas, de tal modo que as ideias se atropelam, dificultando a rápida compreensão da mensagem. Se a oração principal se torna perdida e distante do fecho, o período, além de ambíguo e obscuro, fica incompreensível. A ideia principal parece acabar, mas recomeça sempre, arrastando-se numa lengalenga sem fim. Contribui para a complexidade e obscuridade o excesso de pormenores, de adjetivos, de advérbios, de frases em que abundam quês e porquês.

Estilo Truncado – Estilo que ocorre quando o redator usa, no período, orações subordinadas recheadas de pontos, isto é, separa as orações subordinadas da principal por meio de ponto. Porém, muito difícil de ser construído. Tal recurso estilístico, quando rejuvenesce a linguagem com criatividade, pode trazer eficácia à mensagem.

Estilo Desdobrado – É a característica dos textos que não têm fim. Tudo neles é motivo para explicações. Suas frases vêm sempre acompanhadas de outras, inseridas como elemento adicional, sem nexo sintático. Essas frases podem ser justapostas, intercaladas; aparecem entre parênteses, vírgulas ou travessões.

Este estilo é antiquado, cansativo e pouco recomendável. Escritores não dados ao aprofundamento das argumentações, em geral, se valem de explicações irrelevantes e intermináveis.

Estilo Dinâmico – O texto realizado, segundo tal estilo, caracteriza-se pelo uso de frases que dispensam o verbo. As frases são: curtas, incisivas, agradáveis. Sua estrutura é semelhante aos provérbios, máximas e centúrias.

4.9 Normalização Textual

A normalização textual é uma padronização que conduz à simplicidade da comunicação escrita, porque especifica, uniformiza e reduz o tempo de entendimento, na medida em que diminui a variabilidade e o desvio. Se não houvesse normas para escrever, seria um caos maior do que já existe, tendo em vista as diversas línguas e dialetos.

Aquele que quer ser um bom escritor, terá de ter noções de gramática e saber o que são: fonemas, ditongos, tritongo, hiatos, acentuação tônica, morfologia e etimologia da palavra, flexão da palavra, substantivo, adjetivo, numeral, pronome, verbo, advérbio, preposição, conjunção, interjeição, análise sintática, ortografia e vocabulário.

Redigir um texto é uma técnica que implica domínio de capacidade linguística. Assim, estamos diante de processos intelectuais que envolvem, basicamente, dois momentos:

- O de formular pensamentos (aquilo que se quer dizer).
- O de expressá-los por escrito (o redigir propriamente dito).

Fazer uma redação, seja ela do tipo que for, não significa apenas a atuação de uma capacidade de escrever de forma correta, mas, sobretudo, a de organizar as ideias sobre determinado assunto.

Como tudo, também escrever é um processo que tem etapas, na sua maioria, já abordadas, mas que vale a pena recordar. A cronologia é a seguinte:

- Formular a ideia.
- Decidir o assunto e o título da obra.
- Estabelecer o objetivo do livro.
- Delimitar e organizar as ideias.
- Escrever um plano de abordagem.
- Enumerar os itens e subitens.
- Hierarquizar ideias e títulos.
- Elaborar um rascunho, reescrever, rever e polir o texto.
- Configurar página (margem, cabeçalho, rodapé, tamanho do papel, medianiz, margem espelho).
- Escolher a fonte da letra e o estilo para o texto. Cada documento tem estilo próprio.
- Implementar (escreva, digite, imprima).
- Ler diversas vezes até achar que o texto traduz suas ideias.

4.10 Terminologia

Terminologia é o conjunto de vocábulos, sinais e símbolos de um campo de conhecimento, arte ou ciência. A terminologia (nomenclatura) assume papel de destaque, tendo em vista a manutenção do diálogo e o entendimento uniforme entre todos os participantes de um projeto de livro.

É um investimento de retorno garantido e de máxima valorização, especialmente, se essa terminologia for definida de forma padronizada, inteligente e de fácil identificação.

Diferente do idioma, ela deve evitar ao máximo os sinônimos, pois, adotando esse princípio, tornará, entre outros benefícios, mais fácil a memorização e a associação com o conceito embutido.

Os dados são apresentados seguindo convenções, em função de uma terminologia própria. A utilização de metodologias e técnicas não elimina a necessidade de manter, permanentemente, a documentação atualizada, condição fundamental para pleno conhecimento do que se está desenvolvendo.

4.11 Ilustração

Uma ilustração pode ser: gráficos, figuras, mapas, gravuras, esquemas, fotografias, diagramas, tabelas, matrizes, que representam expressivo instrumento de comunicação de conhecimentos quando convenientemente usadas.

Toda ilustração deve ter uma legenda para esclarecer de que se trata. Nas ilustrações devem-se evitar abreviaturas e abreviações. Caso não seja possível indicar os seus significados. É comum indicar a fonte da ilustração que deve vir entre a ilustração e a legenda.

Após toda e qualquer legenda, colocar ponto final. Alguns autores são contra a utilização de negrito, mas falam em itálico na definição da legenda.

Qualquer ilustração que o autor enviar ao editor deverá ter uma indicação precisa do endereço no livro. Desenhos produzidos por equipe especializada devem, antes de tudo, ser encaminhadas a produção da Editora para evitar conflitos, quanto a tamanho e espessura de traços.

Em casos de fotografias, levar em consideração os contrastes de claro e escuro, porque dificultam a reprodução de forma legível.

4.12 Exemplo

Um exemplo é uma espécie de modelo a ser seguido. Um problema resolvido também é um exemplo. Até uma pessoa pode ser um exemplo.

O autor, que escrever um livro didático, por exemplo, deve dar exemplos, para que seu texto tenha um caráter mais pedagógico.

A seguir, um exemplo de um simples Balanço Patrimonial:

Balanço Patrimonial

Ativo		Passivo	
Ativo Circulante:		Passivo Circulante:	
Caixa e Bancos	154,00	Títulos a Pagar	98,00
Duplicatas a Receber	615,00	Contas a Pagar	42,00
Estoques	588,00	Fornecedores	231,00
Total	1.357,00	Comissões a Pagar	20,00
Ativo Permanente:		Despesas Gerais a Pagar	2,00
Investimentos	95,00	Salários Administrativos	12,00
Total	95,00	Imposto de Renda a Pagar	108,00
Ativo Imobilizado:		Participações Diretas e Indiretas	29,00
Imóveis	82,00	Dividendos a Pagar	40,00
Veículos	11,00	Total	528,00
Móveis e Utensílios	25,00	Patrimônio Líquido:	
Total	418,00	Capital	700,00
		Reservas:	
Total do Ativo	**1.870,00**	De Capital	150,00
		Legal	34,00
		Estatutária	110,00
		Lucros Acumulados	348,00
		Total	1.342,00
		Total do Passivo	**1.870,00**

4.13 Metodologia

A metodologia é um arranjo de etapas (passos) de ação, por meio de uma organização lógica de procedimentos, visando atingir um determinado objetivo, que pode ser a solução de um problema. Se tal objetivo não for alcançado, é provável, que as etapas não foram seguidas ou as mesmas estão equivocadas.

Pode ser uma coleção de métodos, técnicas, procedimentos e ferramentas para otimizar um determinado processo, levando o indivíduo a: conhecer, agir e fazer um determinado estudo de maneira otimizada.

A contribuição da metodologia é a de organizar as atividades, tornando mais provável que os problemas sejam atacados no momento apropriado. A seguir, algumas vantagens que a metodologia pode proporcionar:

- O desenvolvimento de um produto (projeto) é muito mais rápido.

- Uma redução importante nos custos.
- A maioria dos erros é encontrada antes da implementação.
- Cada nível de construção precisa do anterior (visão sistêmica).
- Especificações internamente completas e consistentes são reforçadas.
- Garantia da integridade da solução após a implantação.
- Menos problemas de comunicação.
- Diminuição da papelada.
- Todas as modificações são feitas de forma clara e transparente.
- O processo metodológico pode ser utilizado para diferentes ambientes e situações.

Toda metodologia deve possuir uma filosofia própria, isto é, um conjunto de ideias iniciais que constitui a sua fundamentação conceitual e que serve de embasamento para as demais regras de sua construção.

Para que a metodologia possa oferecer os resultados esperados é necessário que abordemos alguns de seus elementos básicos, tais como:

Premissas da Metodologia – A seguir, são colocadas algumas premissas da metodologia:

- Não existe uma metodologia universal.
- A metodologia deve buscar como objetivo a qualidade, a racionalidade, a produtividade, o menor custo e os níveis mais elevados de padronização.
- O compromisso da metodologia deve ser com a resolução do problema.
- Uma metodologia é constituída, basicamente, de ações para responder a um determinado questionamento.
- Toda e qualquer metodologia deve ser de fácil utilização.
- A metodologia deve ser resultante, preferencialmente, de um processo coletivo de criação.

Objetivo da Metodologia – O principal objetivo de uma metodologia é dar suporte ao trabalho a ser desenvolvido, quer seja na solução de um problema, na tomada de decisão, na construção de um plano, na elaboração de estratégias, na implementação de um programa, na análise de risco, no gerenciamento dos recursos, na condução de um projeto e muitas outras atividades.

Técnicas Metodológicas – Técnica é uma maneira, jeito ou habilidade especial para se executar ou fazer algo. A utilidade de uma técnica depende diretamente do método que a mesma emprega, e vice-versa. As técnicas são muitas em relação às metodologias:

- Técnica do Refinamento por Etapas – Tenta explicar as etapas em seus mínimos detalhes.
- Técnica Estruturada – Utiliza o fluxo natural de dados de um problema para determinar a estrutura do projeto.

- Técnica dos Dados – Examina a estrutura de um conjunto de dados necessários à solução e fornece um sistema, ou programa, capaz de criar a solução.

Utilização da Metodologia – A metodologia, ao contrário, por seu compromisso com a investigação age acima da maneira do analista ver e pensar o mundo, exigindo alto grau de consciência sobre o que está pensando e vendo. Fazer com consciência e fazer, automaticamente, sem pensar é que distingue o educar do adestrar

Características da Metodologia – Uma metodologia se caracteriza por diversos fatores, tais como: racionalidade, congruência, realidade, transcendência, clareza, comunicabilidade, verificação, dependência, sistematização, acumulação, falibilidade, generalização, explicação, demonstração, previsão, abertura e utilidade.

Enfoques de Construção da Metodologia – Os principais enfoques de construção (desenvolvimento) de uma metodologia podem ser:

- Enfoque Convencional – É baseado no estudo linear do ciclo de vida da própria metodologia e seu poder de resistência às mudanças tecnológicas, ambientais e comportamentais.

- Enfoque Incremental – Representa uma variação do modelo linear, onde a partir da fase de especificação funcional são feitos incrementos sucessivos. Geralmente é utilizado como estratégia para minimizar riscos de projetos muito grandes, onde se procura obter resultados de médio e curto prazos sem, entretanto, descuidar do objetivo final.

- Enfoque de Prototipação – Esta abordagem é baseada na teoria do aprendizado, útil para organizações que experimentam um ambiente muito dinâmico, onde os usuários têm pouca cultura em computação e informática. Tal enfoque não é uma técnica, mas, sim, uma filosofia.

4.14 Fases Metodológicas de Construção do Livro

- Identifique o público-alvo.
- Defina os objetivos a serem alcançados.
- Elabore os estudos de viabilidade.
- Defina os recursos necessários.
- Produza o documento de abertura do projeto.
- Reúna a bibliografia de suporte.
- Defina o escopo do projeto.
- Defina as datas de início e de término.
- Defina as faixas de incerteza aceitáveis (tempo, custo, qualidade).

- Elabore a lista de atividades, suas durações e precedências.
- Defina as normas de controle, revisão e modificação.
- Apresente o projeto a uma editora para uma avaliação.
- Anote sugestões e críticas.
- Revise o que for necessário.
- Consiga aprovação e comprometimento para a publicação do livro.
- Faça a divulgação do livro, quando lançado no Mercado Editorial.

4.15 Formato do Papel

O formato é o desenho geométrico que deve ter o papel. Outra preocupação do autor é com o tipo (características) de papel utilizar. O modelo de padronização do formato do papel mais utilizado é o Sistema A, aprovado pela Associação Brasileira de Normas Técnicas (ABNT).

O formato de papel mais utilizado para a construção da brochura pelo autor é o formato A4 (210mm x 297mm).

4.16 Sistema Internacional de Unidades

A seguir, estão relacionadas as unidades fundamentais do Sistema Internacional de Unidades, seus respectivos nomes e símbolos:

Comprimento: Metro (m)
Massa: Quilograma (Kg)
Intervalo de Tempo: Segundo (s)
Intervalo de Temperatura: Kelvin (K)
Intensidade da Corrente Elétrica: Ampére (A)
Intensidade Luminosa: Candela (cd)
Área: Metro Quadrado (m^2)
Ângulo Plano: Radiano (rd)
Ângulo Sólido: Esfero radiano (sr)
Volume: Metro cúbico (m^3)
Freqüência: Hertz (Hz)
Massa Específica: Quilograma por metro cúbico (Kg/m^3)
Velocidade: Metro por segundo (m/s)
Velocidade Angular: Radiano por segundo (rd/s)
Aceleração: Metro por segundo ao quadrado (m/s^2)
Força: Newton (N)

Peso Específico: Newton por metro cúbico (N/m^3)
Pressão: Newton por metro quadrado (N/m^2)
Trabalho: Joule (J)
Energia: Joule (J)
Potência: Watt (W)
Carga Elétrica: Coulomb (C)
Tensão Elétrica e Força Eletromotriz: Volt (V)
Resistência Elétrica: Ohm (Ω)
Capacidade Elétrica: Farad (F)
Indução Magnética: Tesla (T)
Fluxo Magnético: Weber (Web)
Indutância: Henry (H)
Fluxo Luminoso: Lúmen (Lm)
Iluminamento: Lux (lux)

As unidades de medida, resultantes da combinação de duas ou mais unidades simples, que não constam do quadro de unidades legais, devem ser expressas de forma compreensível, como por exemplo:

Tonelada por quilômetro = t/Km; Habitantes por quilômetro quadrado = hab./Km^2
As unidades sexagesimais de ângulo são escritas na forma de expoentes: 15º 10' 25''

O símbolo não deve ser seguido de ponto final, ou da letra s (desinência de plural). Quando o valor numérico for fracionário, o símbolo figurará no final e não intercalado. O correto é 50,25 g e não 50g25.

4.17 Múltiplo Decimal

Uma relação das designações dos múltiplos e submúltiplos decimais é colocada, a seguir:

10^{24} = yotta (Y)
10^{21} = zetta (Z)
10^{18} = exa (E)
10^{15} = peta(P)
10^{12} = tera (T)
10^{9} = giga (G)
10^{6} = mega (M)
10^{5} = hectoquilo (hK)
10^{4} = míria (ma)
10^{3} = quilo (K)

10^{2} = hecto (h)
10 = deca (da)
10^{-1} = deci (d)
10^{-2} = centi (c)
10^{-3} = mili (m)
10^{-4} =decimili (dm)
10^{-5} = centimili (cm)
10^{-6} = micro (μ)
10^{-7} = decimicro (dμ)
10^{-8} = centimicro (cμ)
10^{-9} = nano (n)
10^{-10} = angstron (A)
10^{-12} = pico (p)
10^{-15} = femto (f)
10^{-18} = atto (a)
10^{-21} = zetpto (z)
10^{-24} = yocto (y)

4.18 Número e Ponto

A seguir, são colocadas regras de utilização de números e pontos, tendo em vista as leituras erradas que fazemos em diversas publicações.

Observar as seguintes regras sobre números:

- O cardinal até nove será escrito por extenso e não em algarismo. Além de nove, usa-se o número.
- Os números relativos a unidades ou que façam referência a qualquer unidade monetária serão sempre separadas por ponto: $ 10.000,00; 10.000 bananas
- A indicação do ano não traz ponto: 1998
- Uma série de unidades métricas é grafada: 15 m^2; 10 a 30 m^3; 12 e 25 m
- A separação da parte inteira da parte decimal de um número será feita por vírgula.
- O uso de algarismos romanos deve ser evitado, inclusive em datas.
- Quando o algarismo a ser abandonado for 1, 2, 3 ou 4 o arredondamento será a menos, como por exemplo: 46,32 = 46,30
- Quando o primeiro algarismo a ser abandonado for 6,7,8 ou 9 faz-se o arredondamento a mais, como por exemplo: 23,07 = 23,10; 34,99 = 35,00
- Quando o primeiro algarismo a ser abandonado for 5, seguido de zeros, o último algarismo a ser conservado só será aumentado se for impar: 24,7500 = 24,8
- Devem ser evitados os arredondamentos sucessivos.

- Os itens cronológicos são grafados com números.
- Na data o nome do mês é grafado com letra minúscula: 21 de abril de 2008
- Para se grafar horas: 8h; 9:30; 8h00; 9h30min; 10:00; 18:00
- Usar-se-á o ordinal para o primeiro dia do mês: 1º de maio é o Dia do Trabalho.
- Não usar 1ª Guerra Mundial, mas Primeira Guerra Mundial. Evitar, também, o algarismo romano: II Guerra Mundial.
- Para século, usar algarismos romanos: Século XX

Observar as seguintes regras sobre ponto:

Não se usa o ponto nos seguintes casos: data (09/07/2020), código postal (21220-480), caixa postal (1013).

Usa-se o ponto nos seguintes casos:

- Em se tratando de unidade monetária: US$ 200.000,00; R$ 1.200,00

- Em leis, decretos, artigos e outros atos legislativos: Circular nº 1.256; Decreto-lei nº 5.360; Instrução Normativa nº 12.901; Lei nº 1.690; Portaria nº 4.678; Artigo 1.378

- Para separar unidades: 200.000 pessoas; 50.600 livros

- Se a soma das parcelas arredondadas for diferente do total arredondado, corrigir-se-á a parcela onde o erro relativo for menor. A seguir, um exemplo:

2,4	2	2
13,6	13	14
16,1	16	16
32,1	31	32

As mesmas regras se aplicarão, sucessivamente, quando houver totais parciais intercalados. Para isso, incluir nota esclarecendo que a divergência entre a soma das parcelas e o total é resultante do arredondamento dos dados. As tabelas devem ter, sempre que possível, significação própria, isto é, deve prescindir de consulta.

4.19 Índice e Indicador

Valor que consiste na comparação de dois ou mais elementos, de modo a se obter uma indicação (relação, medida) significativa da situação e, ao mesmo tempo, uma representação sintética da mesma. Um conjunto de índices e indicadores, bem estudado, permite esclarecer a situação da empresa, através de elementos chaves.

Quando se compara elementos, pode-se chegar a duas respostas: uma avaliação da proporção existente entre os valores e uma avaliação do desenvolvimento de um valor, em relação a outro tomado como base. Índices e indicadores são, muitas vezes, tomados como sinônimos por diversos autores. Porém, cada vez mais, estes conceitos se afastam um do outro.

O índice é uma medida (relação) idealizada para mostrar a variação, num determinado período e se este valor oscilou para cima ou para baixo. É possível estabelecer relações do ano em curso com os anos anteriores. Um bem que, em 1995, custava $ 10,00 e, em 2008, passou a custar $ 25,00, diz-se que teve uma variação de: I = 25,00 / 10,00 = 2,5 = 250%

O valor 2,5 é índice (fruto de uma relação) e o valor 250% é o percentual de variação ou de desvio.

Os indicadores representam um sistema peculiar de análise os indicadores obtidos da primeira avaliação são denominados indicadores para análise da situação, enquanto os segundos são denominados indicadores para análise da evolução.

Os primeiros, por serem referentes a um momento especial da vida da empresa, têm um caráter estático. Ao contrário, os indicadores para a análise dos ativos, por causa do fator tempo, tem um caráter dinâmico.

O índice tem um foco macroeconômico e o indicador microeconômico.
A seguir, um exemplo do cálculo de um indicador econômico, como a Margem de Lucro:
A margem de lucro (margem líquida) é dada pela fórmula:
Margem de Lucro = Lucro Líquido / Receita com Vendas

Onde:
Lucro Líquido = Lucro Bruto - Despesas com Vendas
Lucro Bruto = Receita com Vendas - Custos
Receita com Vendas = Somatório de todas as vendas faturadas e entregues

Exemplo:
Lucro Líquido = 500,00
Receita com Vendas = 2.000,00
Margem de Lucro = 500 / 2.000 = 0,25 = 25%

Análise:

Este indicador mostra que nem sempre vender muito é um bom negócio em termos de lucratividade. O que importa é o resultado operacional líquido (lucro líquido). Às vezes, um incremento em vendas trás uma série de despesas que não compensa o esforço, fazendo com que o resultado operacional líquido tenha uma variação menor do que a variação das vendas. Alguns autores chamam este indicador de margem de venda.

4.20 Abreviatura, Citação e Nota

Recorre-se às abreviaturas para evitar a repetição forçada de palavras e expressões, frequentemente, utilizadas nos textos. Abreviatura é a representação de um nome por meio de sua redução. Os meses podem ser abreviados em: jan., fev., mar., abr., maio (não se abrevia), jun., jul., ago., set., out., nov. e dez.

Dar preferência à abreviatura de meses com minúsculas. As abreviaturas, quando formam palavra, são escritas com inicial maiúscula: Ibope, Petrobrás, Finame, Bradesco, Ibama, Internet.

As abreviaturas de títulos, quando antecedem nomes próprios, devem ser grafadas em caixa alta e baixa: Prof., Profa., Sr., Sra., Dr., Dra.

A seguir, as principais premissas das abreviaturas (abreviações):

- As abreviaturas, em geral, não são utilizadas em textos, mas somente em notas de rodapé ou entre parênteses.
- As abreviaturas não precisam ser colocadas entre aspas ou sublinhadas.
- As abreviaturas, quando aparecem pela primeira vez, devem ser explicitadas.

Já a sigla é a representação de um nome por suas próprias iniciais:

ONU – Organização das Nações Unidas.
FGTS – Fundo de Garantia do Tempo de Serviço.
IPTU – Imposto Predial e Territorial Urbano.
INSS – Instituto Nacional de Seguro Social.
S.A. (e não S/A) – Sociedade Anônima.
ABNT – Associação Brasileira de Normas Técnicas.
ANP – Agência Nacional de Petróleo.

Deve-se sempre indicar, com método e precisão, toda a documentação que serve de base para a pesquisa, assim como ideias e sugestões alheias inseridas no trabalho. Nas citações devemos observar as seguintes regras:

- Citação breve será transcrita no corpo do texto e colocada entre aspas.
- Citação longa terá reservado parágrafo próprio, dispensando o uso de aspas.
- Citação conceitual é transcrita no corpo do texto de maneira corrente e sem aspas.
- Citação mista também será transcrita no corpo do texto, colocando-se entre aspas apenas os termos e as expressões tiradas de outros documentos.

As notas ao pé da página, ou de rodapé, têm as seguintes finalidades:

- Referir o autor, a obra e o lugar das citações feitas no texto.
- Fazer certas considerações suplementares ou marginais que não caberiam no texto sem quebrar a sequência lógica.
- Remeter o leitor a outras partes do trabalho, a outros trabalhos ou às fontes.

As passagens citadas ou documentadas no texto relacionam-se com as respectivas notas, por meio do número de chamada colocado sempre no fim da citação. Trata-se de número sobrelevado com relação à linha ou colocado entre parênteses (1).

A numeração das notas será feita por capítulo ou será consecutiva para toda a obra. Nunca será por página, salvo quando forem raras e, no caso, assinaladas por asterisco (*), (**), (***).

4.21 Pontuação

A inobservância da pontuação gera ambiguidade e prejudica a compreensão de qualquer texto constante de uma redação. Observa-se que as leis, geralmente, dão margem à interpretação falsa quando o autor descuidou da pontuação.

Tão importante é o conhecimento da pontuação que se pode afirmar que quem lê mal, sem obedecer aos sinais de pontuação, demonstra não estar entendendo o texto e muito menos se faz entender pelos outros.

Os sinais de pontuação indicam pausas e, para quem sabe ler, a entonação da voz. Estes sinais ajudam a dividir o pensamento, aclarando-o e facilitando a sua compreensão. A pontuação deve restringir-se ao mínimo necessário.

As partes do discurso, que têm entre si íntima ligação, não devem ser separadas por qualquer sinal de pontuação. Portanto, não se separam: o sujeito do predicado; o verbo do seu complemento; o substantivo do adjetivo que o qualifica; os adjuntos adnominais quando ligados ao nome.

A seguir, algumas observações importantes:

Ponto Final: Quando o período, oração ou frase termina por abreviatura, não se coloca o ponto final adiante do ponto abreviativo, pois este coincide com aquele, tendo dupla serventia.

Travessão: Emprega-se o travessão, e não o hífen, para ligar palavras ou grupos de palavras que formam, pelo assim dizer, uma cadeia na frase: a estrada de rodagem Rio – Petrópolis. Também é utilizado para: Indicar quebra de pensamento (Pedro – para alegria de todos – escreveu dez linhas); Ressaltar uma expressão (Este procedimento – de vital importância – que não cumprido não faz com que o objetivo seja atingido); No discurso direto (Parece que não observou o fenômeno com o cuidado devido – disse ela).

Vírgula: Os adjuntos adverbiais deslocados para o início da frase devem vir acompanhados de vírgula. Exemplos: nos tempos modernos, assistimos a uma avalanche de notícias ruins; geralmente, não ouvimos o grito da torcida adversária; frequentemente, o carnaval brasileiro apresenta alegorias, satirizando o governo; sem dúvida, é um homem de ação; às vezes, corro, mas sempre estou atento; em Brasília, há notícias de que a greve terminou; semana passada, grafitaram o muro da faculdade; quando desistir dessa ideia, volte-se para o estudo; se não conseguir aprovação, tente novamente; ao deixar o estádio, correu para o metrô.

Regra geral, as orações subordinadas são separadas por vírgula da oração principal, venham elas antes ou depois da oração principal.

Aspas: Nas citações diretas, abrir aspas somente no início do primeiro parágrafo, fechando-as no final da citação, sem repeti-las nos parágrafos intermediários. Quando a citação é integral, isto é, inicia-se com maiúscula e o pensamento se completa até o fim, o ponto final deverá preceder as aspas que se fecham. Disse Camões: "Quem o feio ama bonito lhe parece."

Quando coincidirem o ponto final do autor da obra com o do autor citado, então as aspas fecham-se antes do ponto final: João Figueiredo disse que faria do Brasil "uma democracia".

É comum se fazer citações antes do início do capítulo de um livro. Neste caso além da citação entre aspas é recomendado que venha em itálico, citando o autor. A seguir, um exemplo:

"Não há vento favorável para quem não sabe para onde ir."

Sêneca

Ponto e Vírgula: O ponto e vírgula denota uma pausa maior que a vírgula. Emprega-se para: separar orações coordenadas e suprimir repetições em frases, cujas ideias já são claras.

Ponto de Interrogação: O ponto de interrogação é usado após uma pergunta direta (Como você pode afirmar isso?); não se usa ponto de interrogação depois de interrogativa indireta (Ela perguntou se devíamos ou não estar aborrecidos).

Ponto de Exclamação: O ponto de exclamação é usado após interjeições e ao final de frases exclamativas: Ah! Ai! Ui! Hum! Oi! A secretária é muito boa em digitação!

Reticências: As reticências são usadas para palavras e ideias omitidas. Não deve fazer parte da linguagem técnica ou comercial. O mesmo se diga de etc. É difícil adivinhar o que se esconde por trás de reticências.

Parênteses: Os parênteses são usados no caso de parte independente de uma sentença ou parágrafo não diretamente relacionado com o restante da oração. Exemplos: Os profissionais liberais (dentistas, médicos, engenheiros) quando exercem a profissão por conta própria são considerados segurados autônomos; R$ 200.000,00 (duzentos mil reais).

4.22 Fórmula

A fórmula é uma expressão matemática que leva a um resultado pretendido. As fórmulas, sempre que se possa, devem ser precedidas de uma demonstração de como chegar à mesma, bem como o significado dos símbolos utilizados.

A fórmula pode ser construída com números e letras. O cálculo do preço de venda de um produto pode ser dado pela fórmula:

$$Pv = Cu + xCu = Cu\ (1 + x)$$
$$Pv = Cu\ (1 + x)$$

Onde:
Pv = Preço de venda do produto
Cu = Custo de fabricação do produto
x = Fator percentual de markup

Exemplo:
Custo do Produto = 200,00
Markup em função do custo = 50%
Pv = 200,00 (1 + 0,50) = 200 × 1,5 = 300,00

Análise:

Se o markup é de 50%, basta multiplicar-se-á o custo por 1,5. Se for de 100% multiplicar-se-á por 2,0 e assim sucessivamente.

É muito comum se utilizar a forma literal (somente letras) da fórmula como a própria definição. Assim, por exemplo, a liquidez corrente é dada pela fórmula:

Liquidez Corrente = Ativo Circulante / Passivo Circulante

Onde:

Ativo Circulante = Capital de Giro = Soma do Disponível + Realizado no Curo Prazo + Duplicatas (valores) a Receber + Estoque + Outros Créditos

Passivo Circulante = Somatório de todas as contas a pagar

Existe o caso em que um valor é expresso por diversas maneiras, como:
Eficiência = Saída da empresa / Entrada na empresa.
Eficiência = Produtos resultantes (benefícios) / Recursos aplicados (custos).
Eficiência = Receita com vendas / Gastos totais.
Eficiência = Volume de vendas / Número de vendedores.

A fórmula de Lasswell utiliza a forma descritiva do processo de comunicação, como por exemplo:

- Quem é o comunicador? Sua reputação, sua capacidade de comunicar.
- Que diz a mensagem? A informação, por si só, não tem sentido. As pessoas lhe dão sentido apenas através do que conseguem captar.
- Quem é o receptor? A comunicação é percebida? Só é importante o que é visto e ouvido pelo outro, e nele desperta motivação. Com efeito, não há comunicação a não ser que o receptor esteja envolvido.
- Qual o meio utilizado? Marshall McLuhan tornou-se famoso ao afirmar que "o meio é a mensagem". A notícia, que vai ao ar pela TV, não é a mesma quando veiculada pelo rádio, jornal, cinema, internet.
- Que reação provoca a mensagem? A comunicação exige ida e volta. Você precisa de algum tipo de "feedback" para saber se teve sucesso na comunicação.

4.23 Leitura de Revisão

A leitura dará a pessoa, além de grande conhecimento, um bom vocabulário, o poder de organizar as ideias, a velocidade de entendimento do texto e a capacidade de reproduzir as informações apreendidas.

É um processo que compreende as seguintes fases: o reconhecimento dos vocábulos; a interpretação do pensamento do autor; a associação de ideias (autor-leitor); a retenção dessas ideias; a capacidade de reprodução.

É provável que, depois de redigido o original, haja correções ou acréscimos a fazer. Antes de enviar os originais à editora, o autor fará uma revisão gramatical e estilística do texto, de modo que seja entregue ao editor uma versão, pretensamente, definitiva.

Na editora, não obstante todo o esmero do autor, profissionais de editoração/diagramação cuidarão da preparação do texto. Durante esse trabalho, surgirão emendas que serão submetidas à apreciação do autor. Depois disso, o livro não poderá ser alterado.

Por isso é preciso criar condições de abordagem e de inteligibilidade do texto, aplicando alguns recursos que apesar de não substituírem a capacidade de intuição do leitor na apreensão da forma lógica dos raciocínios em jogo, ajudam muito na análise e interpretação dos textos.

A revisão do texto refere-se ao processo de conhecimento de determinada realidade e implica o exame sistemático dos seus elementos.

4.24 Estudo de Caso

Estudo de caso consiste em apresentar de forma sucinta uma situação real ou fictícia, para ser discutida em um grupo. A forma de como apresentar o caso pode consistir em descrição, narração, diálogo, dramatização, sequência de fotos, filme, artigo, resenha, relatório.

Esta técnica pode receber, também, o nome caso seminário, discussão resultado, resolução de problema. Ela consiste na apresentação de um caso para um determinado grupo dar sugestões ou apresentar soluções, conforme o fato, enfoque ou método.

O caso análise tem como objetivo desenvolver a capacidade analítica. O caso problema tem como objetivo chegar a uma solução ótima, a melhor possível, em função dos dados apresentados. No caso problema há um esforço de síntese.

É importante observar que ninguém pode com certeza dizer qual o caminho certo na solução de um problema. Mas, quanto mais aprofundada for a análise metodológica, maior é a certeza de que a tomada de decisão apresenta menor risco. No caso análise, a unanimidade geral não é o propósito do encontro.

O método do caso é uma técnica de simulação. Ele parte do princípio de que existe sempre mais de uma solução adequada para qualquer problema. Tal método requer que seja designado um coordenador que deverá ser o elemento capaz de fazer o grupo trabalhar de maneira organizada, não sendo levado à dispersão.

As etapas do método de estudo de caso são as seguintes:

- Leia o caso cuidadosamente.
- Liste os aspectos (fatos) básicos e relevantes.
- Avalie as informações e busque definir o problema.
- Estabeleça alternativas de solução para o problema.
- Escolha a alternativa de solução mais adequada.
- Implemente.
- Comunique.

A seguir, será apresentado um exemplo de Estudo de Caso Resolvido, para autores didáticos, que gostam de apresentar ao final de cada capítulo um estudo de caso:

Empresa Tempo Limitado

Como de costume o Sr. Carlos levanta-se às 6 h e 30 min da manhã, já pensando que terá um longo dia pela frente e à noite deverá ter um jantar de negócios. Ele é o gerente de vendas da empresa, trabalha na mesma há 15 anos, tendo iniciado sua carreira como vendedor.

Hoje é diretor de vendas. Tem prestígio com o diretor-geral, tendo em vista o seu dinamismo, cortesia e sacrifício, porque gastou muitos fins de semana viajando para reuniões e compromissos diversos, em nome da empresa.

Desde que assumiu o cargo atual sente que não tem tempo para mais nada, mal vê os filhos, sua qualidade de vida piorou e já começou a ter problemas com a esposa que insiste em discutir a relação entre eles. Outra reclamação crônica diz respeito ao fato de que além de chegar tarde em casa, ainda leva trabalho para fazer.

Certo dia, ao chegar ao escritório encontrou um recado do Sr. Freitas, gerente regional da região sul, informando que estaria na sua sala para tratar de um assunto muito urgente. Mais um dia de problemas, pensou, justo hoje que o diretor-geral volta de férias. Sua mesa era uma bagunça, pois estava atulhada de papéis para assinar, recados para responder, correspondência para ler e cartas para assinar. Passava os olhos numa revista quando o Sr. Freitas chegou.

Este estava bastante nervoso e foi direto ao assunto, comunicando que um cliente reclamou que um seu concorrente tinha recebido da empresa um mesmo produto com um preço mais barato e ameaçava devolver a mercadoria. Mas, o que mais irritava o Sr. Freitas é que este desconhecia o fato, e se sentia como marido enganado.

Um tanto surpreso e embaraçado o Sr. Carlos resolveu "abrir o jogo", explicando que o tal concorrente havia recebido um preço especial, porque se tratava de uma mercadoria devolvida, devido à falência de uma outra firma que tinha comprado a mesma. Não podia prever que tal transação vazasse. Então prometeu que tal fato não se repetiria, pois dava muito valor à cadeia de comando. E, assim dito, concedeu o mesmo desconto para o cliente mencionado pelo Sr. Freitas. A solução para o problema levantado fez o Sr. Carlos perder mais de uma hora.

Sua secretária entrou na sala e avisou que o diretor-geral solicitava a sua presença. Interrompendo a reunião com o Sr. Freitas, a quem pediu que esperasse uns momentos, dirigindo-se à sala do chefe. Depois de um papo inicial e um cafezinho o diretor solicitou o relatório de vendas do mês anterior. O Sr. Carlos informou que estava em fase final de elaboração, prometendo entregá-lo no dia seguinte.

Ao sair da sala do diretor encontrou o gerente de produção que pediu uma reunião para tratar da previsão de vendas para o mês seguinte. Marcaram a reunião para as 4 h da tarde daquele mesmo dia. Ao voltar à sua sala sua secretária informou que o Sr. Freitas havia ido embora e sua mulher havia telefonado, bem como o gerente regional do Oeste, que precisava de uma orientação.

Ligou para a esposa pessoalmente e esta o avisou que teria de pagar a escola das crianças, pois era o último dia, mas que ele esquecera de deixar o talão de cheques em casa e que o cartão de crédito estava estourado. O Sr. Carlos avisou de que faria o pagamento na hora do almoço.

Sua secretária lhe lembrou de que precisaria fazer às 10 h uma entrevista de seleção. Ligou para o gerente da região oeste para saber da tal orientação, sendo informado de que o mesmo não sabia como proceder em casos de acidentes com vendedores. O Sr. Carlos prometeu consultar o Departamento de Recursos Humanos e ligar logo em seguida.

Como não conseguiu falar com o gerente de pessoal que estava fora da empresa, resolveu conversar com alguns subordinados a respeito de acidentes, porque ele não tinha instruções de como agir. Não obtendo as informações desejadas voltou a sua sala e pediu à secretária que chamasse a pessoa encarregada do relatório de vendas. Ao conversar com ela lembrou-se de que tinha esquecido de passar dados importantes.

Remexeu as gavetas, procurou em cima da mesa, perguntou à secretária se estavam com ela e, finalmente, ao olhar na pasta, encontrou-os.

Eram quase 11 h quando atendeu ao candidato a assistente de gerente de vendas, uma nova posição que ele estava propondo para aliviá-lo da carga excessiva de trabalho. Analisou o currículo do candidato e conversou com ele durante 45 min, sendo interrompido por vários telefonemas e pela secretária que pediu algumas instruções. Ficou de dar uma resposta ao entrevistado na semana seguinte, pois precisava discutir a proposta com o diretor-geral e dependia da sua aprovação.

Depois de assinar alguns papéis saiu para pagar a escola dos filhos. Como o trânsito estava muito congestionado, encontrou a tesouraria da escola fechada para almoço. Enquanto esperava foi a uma lanchonete para comer algo. Voltou novamente à escola onde teve de esperar, pois havia fila, pagou as mensalidades e quando chegou ao escritório já eram 14 h. Encontrou um recado do gerente regional da zona oeste que ligara para cobrar as informações prometidas.

Voltou a procurar o gerente de pessoal. Conversou com ele sobre o acidente e foi informado de que seria necessário falar com a companhia de seguros. Resolveu ficar ali mesmo. Depois de vários telefonemas conseguiu, finalmente, todos os dados necessários.

Ligou para o gerente regional, passando as informações. Já eram 15 h e como estava cansado, decidiu abrir a sua correspondência. Foi quando se lembrou de que deveria rever a nova lista de preços, mas para isso necessitava de dados sobre custos de matérias-primas e insumos.

Então, pediu à secretária para consegui-los. Enquanto isso preparou o material que iria precisar para discutir com o cliente com quem jantaria à noite. Verificou que a lista de preços iria fazer-lhe falta e decidiu proceder a alguns cálculos aproximados já que não teria tempo para fazer o trabalho todo. Com isso, atrasou-se para a reunião com o gerente de produção, que só se iniciou às 16 h e 45 min e, além disso, foi interrompido diversas vezes por telefonemas, pelo funcionário encarregado do relatório de vendas e por uma solicitação do diretor-geral.

Às 19 h resolveu interromper a reunião para encontrar-se com o seu cliente. Antes de sair pôs na pasta a lista de preços e os dados sobre os materiais para dar uma espiada quando chegasse a sua casa. O jantar e a conversa com o cliente prolongaram-se até às 22 h. Ao chegar em casa estava tão exausto que resolveu deixar a tal lista para o dia seguinte.

A maneira de atuar do Sr. Carlos é comumente encontrada nas empresas e causa enormes desperdícios de tempo, de esforço e de recursos, gerando um ambiente tenso e de baixa produtividade.

Assim, resolva o problema, chegando a uma hipótese de solução. Liste quais são os principais desperdiçadores de tempo do Sr. Carlos, antes mesmo de elaborar uma metodologia de solução.

Resposta: A seguir, estão colocadas, metodologicamente, as fases básicas de um estudo de caso, do tipo problema:

Diagnose: Em nossa problemática podemos destacar as seguintes questões:

01 – Por que precisa levar trabalho para casa?
02 – Por que vive reclamando da falta de tempo?
03 – Por que sua mesa é uma bagunça?
04 – Por que seu backolog (trabalho acumulado) chegou a um volume tão grande?
05 – Por que o Sr. Freitas precisou ir a sua sala para tratar de um assunto "super urgente"?
06 – Por que são feitas concessões de desconto que não são comunicadas à Força de Vendas?
07 – Por que levou tanto tempo para explicar ao Sr. Freitas uma coisa tão banal?
08 – Por que, depois de dar as explicações ao Sr. Freitas, ainda pediu que o mesmo o aguardasse, pois iria falar com o diretor?
09 – Por que sua secretária não usou o interfone para avisá-lo da chamada do diretor?
10 – Por que o relatório de vendas não estava pronto?
11 – Por que fez uma promessa que não poderia cumprir, sobre o relatório de vendas?
12 – Por que a sua esposa precisa ligar para ele resolver problemas menores e particulares?
13 – Por que o gerente da região oeste ligou para ele, em vez de ligar direto para o Departamento Pessoal?
14 – Por que teve de discutir com subordinados assuntos que não lhe dizem respeito?
15 – Por que tem de demonstrar para a secretária que não sabe onde os documentos se encontram?
16 – Por que só começou a entrevista com uma hora de atraso?
17 – Por que não se preparou para a entrevista?
18 – Por que foi tão interrompido durante a entrevista?
19 – Por que não ligou para o Colégio para saber o horário para pagamentos?
20 – Por que se comprometeu com o gerente da região oeste a fazer uma coisa que não lhe competia?
21 – Por que só abriu sua correspondência às 15 horas?
22 – Por que lhe cabe rever a lista de preços?
23 – Por que marcou uma reunião com o gerente de produção no corredor, tendo um dia ainda cheio de compromissos não atendidos?
24 – Por que fazer reuniões de negócio à noite?
25 – Por que uma simples reunião de previsão de vendas durou 2 h e 30 min?

Análise: As principais análises a serem destacadas são:

Pergunta 01: Levar trabalho para casa só deve ser feito em última necessidade e não se tornar uma rotina. O tempo discricionário deve ser aproveitado de outra maneira para que a pessoa se torne mais criativa e até mais inteligente nas suas decisões.

Pergunta 02: A reclamação sobre a falta de tempo, provavelmente, se deve ao fato de não saber delegar e nunca ter estudado administração do tempo.

Pergunta 03: Porque não foi treinado para ser gerente, carecendo de conhecimentos de Administração.

Pergunta 04: Por pura incompetência.

Pergunta 05: O Sr. Carlos precisa mostrar a sua secretária a diferença entre o que é urgente e o que é prioritário, se souber.

Pergunta 06: Porque não há uma política de preços na empresa.

Pergunta 07: Porque o Sr. Carlos não é pragmático e, muito menos, objetivo. Talvez queira tratar dos negócios como se fosse um político e não um administrador.

Pergunta 08: O Sr. Carlos parece que tem prazer de que as pessoas esperem por ele, tomando o tempo das mesmas.

Pergunta 09: A secretária está tão acostumada a interrompê-lo, que tal prática passou a ser comum. Ela não sabe aguardar o momento certo.

Pergunta 10: Por que o Sr. Carlos não acaba aquilo que começa tendo sempre algo a terminar, parecendo muito "ocupado".

Pergunta 11: O Sr. Carlos prometeu entregar o relatório no dia seguinte, sem ao menos consultar sua agenda. Parece que ele não tem agenda de trabalho.

Pergunta 12: O Sr. Carlos precisa fazer tudo sozinho, porque não sabe delegar.

Pergunta 13: Provavelmente, porque o Sr. Carlos deve ser daqueles que faz coisas improdutivas para dizer que é o tal.

Pergunta 14: O Sr. Carlos desconhece as funções de seu cargo.

Pergunta 15: Porque é desorganizado e seu trabalho não possui método e disciplina.

Pergunta 16: Pelo mesmo motivo, não sabe administrar o tempo executivo.

Pergunta 17: Pelo fato de estar ocupado com coisas irrelevantes, inúteis e improdutivas.

Pergunta 18: Porque desconhece o que deve ser uma entrevista. Precisa ler e estudar sobre o assunto.

Pergunta 19: Porque o telefone é uma ferramenta que não sabe utilizar. Ligar para o Colégio é função da secretária.

Pergunta 20: Pela mesma razão apontada na análise da pergunta 13 e, também, por, até hoje, ainda, desconhecer a palavra "não". Muito político, mas péssimo administrador.

Pergunta 21: Correspondência de cunho pessoal é o Sr. Carlos que abre. Correspondência da organização é a secretária que, além de abrir, registra e coloca em ordem cronológica para apreciação do chefe.

Pergunta 22: Se houvesse uma política de preços com as margens, descontos e reajustes previstos, o Sr. Carlos receberia a lista pronta, a menos que não confie nos subordinados, achando-os incompetentes.

Pergunta 23: Marcar reunião em um corredor, com tanta coisa para fazer demonstra duas coisas: a primeira, é de que não tem a mínima visão do que acontece ao seu redor e, a outra, talvez, seja de que não tem mais desculpas para adiar tal encontro.

Pergunta 24: Reunião de negócios à noite é para incompetentes. Este período é para: dedicar à família, fazer cursos, ler, estudar, ver televisão, telefonar para amigos e atualizar seus conhecimentos, acessar a Internet.

Pergunta 25: Nesta reunião, com certeza, foram tratados outros assuntos, pois um encontro como este, mesmo que seja complicado, não pode ultrapassar mais de 40 min, pois aquilo que não se resolve neste período precisará de uma outra reunião, no futuro. Reunião não é seminário.

Diagnóstico: O diagnóstico é fácil de determinar. O Sr. Carlos não tem a mínima noção das funções administrativas, funções organizacionais e gerencia mal os recursos. É possível que, por ser um bom vendedor, foi feito gerente, sem estar preparado para o cargo. Fato que é muito comum nas empresas. Um bom vendedor não traduz um bom gerente, e vice-versa.

Hipótese de Solução: Algumas recomendações de solução devem ser apreciadas para se chegar a uma solução plausível:

- Estabelecer políticas e procedimentos de vendas e de pessoal, urgentemente, se possível, com o apoio de uma analista organizacional.
- Enviar o Sr. Carlos e secretária para cursos de treinamento de administração do tempo e reciclagem sobre funções administrativas.
- Criar um cargo de assistente do direto-geral para o Sr. Carlos e colocar no seu lugar alguém que entenda de gestão corporativa.
- Pedir ajuda a uma empresa de consultoria, se houver necessidade.
- Reestudar as funções do Departamento de Vendas, na estrutura organizacional da empresa.

- Aplicar técnicas de desenvolvimento organizacional.

Implementação: A implementação é a transição da decisão para a execução, isto é, colocar em prática aquilo que foi proposto como hipótese de solução. No nosso caso a implementação é, principalmente, de caráter comportamental. Porém, que fique bem entendido, esta fase só acontecerá, verdadeiramente, se a direção da empresa der total apoio.

Capítulo 5

Comunicação do Livro

"Se você obtém sucesso, é sempre pelas razões erradas. Se você se torna popular, é sempre pelos piores aspectos de seu trabalho".

Ernest Hemingway

Objetivos do Capítulo

- Mostrar que o livro só poderá chegar à livraria, se for comunicado que existe e o que representa.
- Mostrar ferramentas de divulgação.
- Mostrar exemplos de cartas que ajudam fazer a apresentação do livro.

5.1 Comunicação do Produto

A comunicação do produto é um processo, por todos os meios de divulgação, que gera resposta imediata do consumidor, porque é importante saber o que ele pensa e o que ele quer. A comunicação do livro precisa garantir que ele satisfará as necessidades e desejos do leitor.

É preciso que o consumidor de um determinado mercado saiba que o produto existe e está disponível. Por isso o produto precisa ser comunicado ao público. Hoje, a comunicação do produto se faz por todos os meios de comunicação.

Os avanços tecnológicos fornecem aos comunicadores os meios de mostrar às pessoas as inovações mercadológicas.

As ferramentas de comunicação em vendas são muitas, tais como: propaganda, publicidade, promoção, relações públicas, marketing direto, telemarketing, anúncios, encartes em revistas e jornais, cartazes, displays, material audiovisual, concursos, sorteios, amostras grátis, exposições, feiras, convenções, demonstrações, cupons, descontos, juros baixos, adesivos, seminários, relatórios, doações, patrocínios, publicações, catálogos, folhetos, anuário, eventos, incentivos, televisão, rádio, internet, telefone.

Há a necessidade de todo um trabalho de venda, que começa com a persuasão. Assim, fica a dúvida: Como uma editora comunica, naturalmente, os seus livros? Por diversos aspectos, tais como:

utilidade de forma, satisfação do leitor, realização do comprador, marca de sucesso, preço de venda, desconto, sistema de distribuição, nome do autor.

5.2 Divulgação

A divulgação é uma ação de tornar o Livro de conhecimento do mercado. Se não houver divulgação, como o público tomará conhecimento da existência de um novo livro.

Os meios de divulgação são muitos, mas o mais imediato é o e-mail. A seguir um exemplo:

É com grande satisfação e alegria que estou lhe informando sobre o meu mais recente livro, intitulado ***Uma Vida com Suavidade,*** que está será lançado no Mercado Editorial no próximo mês, pela Editora ____.

Grande Abraço!!!

Ana das Flores

Um plano de divulgação é um plano componente de um plano maior chamado plano do produto. Na realidade, tal plano é conhecido como plano de comunicação do produto, isto é, o plano que vai fazer a sua divulgação, isto é, tornar público.

Por motivos de espaço e também pelo fato de documentos de divulgação ser muito próprios de cada contexto, a seguir, serão mostrados os conceitos dos principais meios de divulgação do livro:

Banner – Uma espécie de cartaz menor, como uma bandeira, que depende de uma haste de sustentação. Um banner contém as atividades ou qualidades daquilo que se quer apresentar. É muito comum o uso desse meio no lançamento de um livro, em um espaço cultural.

Folder – É um folheto dobrado, geralmente entregue pelos Correios, ou em mãos, em que são relatados os produtos que se quer divulgar.

Prospecto – Pequeno impresso de propaganda com ilustrações, geralmente distribuído de porta em porta e nos semáforos das ruas. É barato, mas poucas pessoas lêem.

Mala Direta – Propaganda (papel ou meio eletrônico) para um determinado público-alvo. A mala direta pode ser pessoal ou institucional, tendo tratamentos diferenciados. Tem baixo custo, porém o retorno é muito pequeno.

Release – Texto resumido dado a público para divulgar algo.

5.3 Publicidade

A publicidade é uma divulgação de informações sobre uma marca, um produto, por exemplo, por intermédio da mídia, para o público-alvo, sem custo adicional. Também é conhecida como a ação para tornar pública alguma coisa. A publicidade é gratuita.

A publicidade terá condições de exercer, de forma responsável, o seu papel de agente de comunicação, de informação e de diálogo entre produtores, distribuidores, parceiros, consumidores e autoridades governamentais, executando uma tarefa de sentido social.

O valor de uma comunicação publicitária está apoiado nos sentimentos e pensamentos dos leitores, ouvintes ou telespectadores. Assim, é preciso saber algo sobre:

- Como chamar a atenção das pessoas?
- Como se processa no cérebro a vontade de comprar?
- Como associar ideias com facilidade?
- Como são os hábitos do público-alvo?
- Como é a interação aprendizado-memória?

5.4 Propaganda

A propaganda é toda e qualquer forma paga de apresentação e promoção de ideias, bens ou serviços, levadas a efeito por um patrocinador identificado. É a característica mais visível do marketing e um auxiliar muito eficiente do trabalho preliminar de vendas.

A propaganda torna conhecida a marca e dá prestígio à empresa que a produz. Ela leva o consumidor ao produto, procurando criar a demanda mesmo antes de o consumidor entrar em contato direto com o mesmo. Muita gente confunde propaganda com marketing, infelizmente. A propaganda é apenas um item de estudo do marketing.

Os principais objetivos da propaganda são:

- Fazer com que o comprador reaja mais favoravelmente às ofertas da empresa.
- Fornecer informações aos consumidores, tentando modificar seus interesses.
- Fornecer razões para que consumidores mudem de hábito.
- Explicar o uso e o funcionamento do produto.
- Informar mudanças de preços e locais de oferta.

A propaganda tanto é elogiada como criticada. Assim, a seguir, os seus prós e contras.

Prós: Comunica produtos que podem realmente satisfazer nossos desejos e necessidades; encoraja a concorrência a competir, estimulando a economia; diminui os custos ao longo do canal de comunicação (intermediários); Força a empresa a melhorar a qualidade dos produtos.

Contras: Tem uma influência insalubre, porque persuade os consumidores a comprar produtos que realmente não desejam (necessitam); cria altos níveis de demanda, o que eleva os preços, forçando a inflação; tem sido criticada por ser falsa, enganosa, aborrecida e irritante.

A propaganda não pode apenas ser avaliada pelo imediato aumento das vendas que gera. Isso é importante e é o que os anunciantes esperam. Inclusive, quanto à elevação das vendas no curto prazo, as promoções de vendas são mais eficazes.

A propaganda traz efeitos de longo prazo, como a construção da marca, a criação e a manutenção de uma imagem favorável junto ao público. Além disso, recorda ao consumidor a existência do produto, reforçando seu prestígio no mercado. Também serve para comunicar promoções que estejam em andamento.

5.5 Agenda de Palestra

A agenda é uma lista sumária, geralmente, com data e hora marcadas, em que são feitas anotações de compromissos, apontamentos pessoais, questões a serem debatidas, tarefas a serem cumpridas, ações e decisões a tomar.

Quando o autor for apresentar seu Livro por meio de uma palestra, poderá utilizar o seguinte formato de roteiro e controle de resultados:

Assunto: Administração do Tempo.
Local: _____________
Data: _____________
Hora: ______________
Contato: _____________
Público-alvo: ________________

Foco: O Uso do Tempo

Palestrante: ____________________

Introdução: Abordar de forma rápida:

- Tempo é dinheiro ("Time is Money") diz o ditado.
- Qual é a importância do tempo para uma pessoa?
- O dia só tem 24 horas.

Disse Benjamin Franklin: "Não gaste seu tempo inutilmente, pois é dele que a vida é feita".

Questões Instigantes:

- Por que há a hipótese de que não vamos realizar o que queremos?
- Por que há sempre a sensação de que não dispomos de tempo?
- Por que nosso trabalho parece sempre incompleto e improvisado?
- Por que nosso trabalho sofre interrupções por: fatos inesperados, telefonemas, conflitos, oportunidades, urgências, ameaças?
- Por que há uma enorme quantidade de controles, detalhes, papéis, estilos de atuação diferentes?

Análise Preliminar:

- O que falta? O que excede? O que habilita?

Problemas: Os problemas derivam de:

Desperdiçadores de Tempo por Falta de: Flexibilidade; Qualidade; Delegação; Assessoria; Avaliação; Confiança; Atuação; Eficiência; Eficácia; Efetividade; Conhecimento; Percepção; Informação; Controle; Objetivo; Disciplina; Organização; Objetividade; Estratégia; Método; Política; Otimização; Inovação; Planejamento; Plano; Programa; Decisão; Risco; Modelo; Visões: estratégica, holística, sistêmica.

Desperdiçadores de Tempo por Excesso de: Excesso de Controle; Excesso de Reuniões; Excesso de Perfeccionismo; Excesso de Postergação; Excesso de Interrupções; Excesso de Mudança; Excesso de Comissões; Habilidade para Solucionar; Habilidade de Relacionamento; Habilidade de Ouvir; Habilidade Falar; Habilidade de Ler; Habilidade de Escrever; Habilidade de Negociação; Habilidade Gerencial; Habilidade do Feedback Positivo; Habilidade de Descobrir Problemas; Habilidade de Diagnosticar

Avaliação da Palestra:

Grupo homogêneo?	Sim	Não	
Grupo Interessado?	Sim	Não	
Grupo já conhecia o assunto?	Sim	Não	Mais ou menos

5.6 Site

O site é o nome que se dá a Vitrine Eletrônica ou Página na Internet. A criação de uma página na Internet não é um esforço isolado, pois a atual velocidade da inovação tecnológica no desenho e a crescente competitividade do meio exigem que os profissionais de marketing avaliem continuamente o valor percebido da página eletrônica.

Dois princípios devem ser levados em consideração na criação do site: independência de autoexpressão e trânsito livre pela rede. A maioria das páginas é organizada como camadas hierárquicas de documentos, e baseia-se no senso comum de que os usuários não investigam mais de três camadas antes de acessar informações válidas.

A editora, para se desenvolver uma página na Internet, precisa passar pelas seguintes etapas:

Primeiro Passo – Fazer uma pesquisa no mercado quanto a: produtos, preços, custos, navegação, desenho da página, tempo de entrega.

Segundo Passo – Registrar o domínio. Este registro pode ser feito através dos endereços específicos para tal.

Terceiro Passo – Atrair pessoas a visitarem a página. É preciso divulgar o endereço por diversos meios e ter uma página de alta qualidade.

A página na Internet serve como uma vitrine eletrônica que deve ter algumas características, tais como:

- Oferecer um menu com opções de busca.
- Mostrar os produtos através de textos e gravuras.
- Dar condições de detalhamento (características), disponibilidade e preço dos produtos.
- Informar sobre novos produtos, relatórios, eventos, treinamentos, empregos.
- Facilitar a comunicação dos seus clientes (fornecedores, funcionários, usuários, consumidores).
- Facilitar a viabilização do pedido.
- Agilizar o processo de navegação.

5.7 Folder

A seguir, um exemplo daquilo que um folder deve comunicar, além da arte final:

Oficina do Livro

Nossos Serviços:

- Ajudar autores a desenvolver e construir livros, relatórios, apostilas e material didático.
- Dar suporte nos meios de comunicação do livro.
- Prestar consultoria e assessoria para projetos de documentação digital.
- Orientar novos talentos para pesquisa e desenvolvimento de projetos editoriais.
- Realizar palestras sobre o projeto.
- Ajudar o autor iniciante a desenvolver e entender como construir original de livros.
- Fazer registro do livro no Escritório de Direitos Autorais da Fundação Biblioteca Nacional.
- Prestar serviços de normalização textual.
- Montar a arte final, desenvolver e implementar projetos editoriais e gráficos.

Nossos Compromissos:

- Descomplicar o complicado.
- Capacitar o autor para que escreva de maneira simples, objetiva e concisa.
- Fazer com que o autor atinja o seu público-alvo.
- Ensinar aos autores normalização textual.
- Abrir para consultas nossa biblioteca, a fim de que os autores consolidem suas obras e projetos.
- Alertar para novos nichos de mercado, novos designers e novos comportamentos editoriais.
- Estar aberto a colaboradores que queiram participar com ideias e trabalhos.
- Remunerar muito bem nossos vendedores e divulgadores.
- Oferecer modelos de documentos de nossos arquivos.

Nossas Bandeiras:

- Filosofia da qualidade total e satisfação do cliente.
- Atitude performática e melhoria Contínua.
- Designer com ótimo visual.
- Planejamento e adequação do conteúdo à ideia original.
- Organização inteligente da documentação.
- Interação total entre autor e editora.
- Portfólio variado em modelos e formatos.
- Equipamento de última geração.
- Ambiente de atendimento climatizado e agradável.
- Clima organizacional aberto.
- Recursos humanos de altíssima qualidade.

Nossa Solicitação:

Se você conhece alguém que tenha o perfil de autor em potencial, seja criativo e inovador e que também possua um tema interessante e inédito, por favor, dê nosso canal de comunicação.

Nosso Canal de Comunicação: ______________________

5.8 Carta de Acompanhamento

A carta de acompanhamento é uma carta (e-mail) para a Editora, com a finalidade ressaltar os benefícios e vantagens na aquisição do livro proposto. Embora, sempre escrita pelo próprio autor, ela também pode ser escrita por alguém com prestígio junto à Editora ou pessoa que ocupe uma posição de prestígio, na sociedade.

A seguir, dois exemplos:

Prezado Editor

Livro: ***Tempo: Aprenda a Administrar***

Foi uma visita à Bienal do Livro, no Rio de Janeiro, que me fez ver a necessidade de um livro que seja a mistura de: autoajuda, autoanálise e didático para Administração do Tempo Executivo. Os livros sobre este assunto apresentam chavões sobre como melhor utilizar o tempo de maneira geral, não havendo preocupação específica com o tempo do trabalho executivo na empresa.

O livro, em anexo, não possui a mesma estrutura dos encontrados no mercado que abordam como lidar com o tempo, porque mesclei as funções administrativas básicas, tendo em vista que não acredito que alguém poderá organizar o seu uso do tempo desconhecendo estas funções. Então o que lhe apresento é a fuga da mesmice.

A obra tem a seguinte organização:

- Administração do Tempo.
- Tempo, Planejamento e Controle.
- Tempo, Direção e Gerência.
- Tempo, Comportamento e Comunicação.
- Tempo, Organização e Conhecimento.
- Tempo, Estratégia e Problema.
- Tempo, Avaliação e Análise.

- Tempo, Pesquisa e Previsão.
- Tempo, Decisão e Risco.
- Tempo, Produto e Desenvolvimento.
- Controle do Tempo Executivo.
- Tempos e Movimentos.
- Estudo de Caso.
- Questionário de Autoavaliação do Uso do Tempo.

Atenciosamente

____

Anexo

Prezado Editor
Sr. ____________________

Marketing para Empreendedores

Anexo, a brochura original do livro em epígrafe, cujo propósito de construção foi o de retrabalhar o meu primeiro livro de marketing, publicado em 2003, sob o título *Administração de Marketing*. Hoje, percebo, mais claramente, que o conteúdo desse livro deixa muito a desejar para atingir com efetividade os mundos acadêmico e empresarial, e também não atende mais a uma sociedade voltada para o conhecimento.

Vi, também, a oportunidade de fazer uma abordagem inovadora e bastante didática, pois procuro reunir, num só capítulo, o que a maioria dos autores o faz em diferentes espaços de suas publicações. Às vezes, em capítulos anacrônicos e com focos diversos. Tudo isso por falta de organização pedagógica.

É óbvio que nenhum assunto pode ser esgotado num único capítulo, ou num único livro, mas o autor deve fazer um grande esforço nesse sentido, para não voltar ao mesmo item várias vezes ao longo da obra. Isso é bastante cansativo e não ajuda em nada ao professor que deseja uma maior racionalidade na exposição de suas aulas e ao aluno que deseja um livro bem estruturado e enxuto, voltado a ensinar.

Este livro, *Marketing para Empreendedores: Uma Abordagem da Empresa com Foco no Mercado*, de 298 páginas, em A4, acrescenta alguns conhecimentos gerenciais para que o leitor, na qualidade de administrador, não venha a se surpreender com o fracasso do seu empreendimento, porque o mesmo tenta mostrar como evitar erros de: avaliação, por pressa em fazer acontecer; desconhecimento do mercado que pretende atuar; tomadas de decisão intempestivas e da falta de fundamentação nas funções administrativas e organizacionais.

Assuntos como: Atendimento, Varejo, Inovação, Criatividade, Conhecimento, Qualidade, Preço, Custo, Lucro, Problema, Solução, Previsão, têm um tratamento privilegiado neste livro. Também é preciso ressaltar que a exposição do texto, ao longo do livro, é multiforme, pois além de possuir um estilo didático, bastante acentuado, preocupação maior do autor, é também pragmática, trazendo exemplos numéricos e problemas resolvidos do dia a dia da empresa, além de muitas dicas de como agir e inúmeras ilustrações, na forma de: diagramas, gráficos, matrizes, tabelas, planilhas, quadros e modelos.

Em anexo, estou colocando um "Relatório Comparativo" do meu livro com os principais autores concorrentes neste assunto tão disputado no mercado de livros. Utilizei para a comparação os seguintes autores:

- Kotler: *Administração de Marketing* (Atlas – 725 páginas, em A4).
- Minadeo: *Gestão de Marketing* (Atlas – 470 páginas, em 16 x 23).
- Equipe de autores da FGV-EAESP: *Gestão de Marketing* (Saraiva – 550 páginas, em A4).

A comparação é feita capítulo a capítulo, mostrando as vantagens competitivas de meu livro em relação aos demais.

Atenciosamente

____

Anexo

5.9 Carta de Apresentação

A carta (e-mail) de apresentação é o ato de uma Editora, para mostrar um livro, sob os aspectos de: foco, contexto, campo de conhecimento, a uma organização de ensino, sempre ressaltando seus benefícios. A seguir, um exemplo:

Aos
Sr. Diretor do Curso de Administração
Sr. Coordenador do Curso de Administração

Prezados Professores

Administração de Marketing

A Editora Ciência Moderna tem a grata satisfação de trazer mais um livro do seu Editorial Acadêmico de Administração & Negócios. Um projeto realmente interessado a ensinar Marketing, porque apresenta exemplos numéricos, demonstração de fórmulas e problemas resolvidos, com um claro propósito pedagógico, fato raro na maioria dos livros sobre este assunto. Este projeto servirá como manual de consulta.

Uma qualidade da obra a ressaltar é a preocupação com a conceituação. Muitos livros de Marketing mais parecem uma coletânea de assuntos mercadológicos, sem os principais requisitos da boa linguagem didática, tais como: objetividade, clareza, coerência, concisão, expressividade, unidade, correção e forma.

Quaisquer que sejam as mudanças que ocorram no social, econômico, político e ambiental de um país, as vendas permanecem notavelmente inalteradas em seus objetivos básicos: gerar receitas e lucros; criar consumidores cativos; desenvolver novas ferramentas de suporte.

Textos sobre vendas, às vezes, escritos por pessoas que nunca venderam coisa alguma, trazem sugestões sobre como a pessoa deve entrar na sala, cumprimentar, sentar, conversar, ouvir, mexer-se na cadeira, movimentar as mãos, modular a voz, olhar nos olhos, pôr em prática uma linguagem corporal persuasiva e assim por diante, não levando em conta as necessidades do comprador (consumidor, usuário, paciente, intermediário).

Portanto, os "artistas" de vendas devem considerar a clientela, porque é ela que mantém o negócio funcionando.

Também é preciso ressaltar que a exposição do texto, ao longo do livro, é multiforme, pois além de possuir um estilo didático, bastante acentuado, preocupação maior do autor, é também pragmática, trazendo cerca de 130 exemplos numéricos e problemas resolvidos do dia a dia da empresa, além de muitas dicas de como agir e inúmeras ilustrações, na forma de: diagramas, gráficos, matrizes, tabelas, planilhas, quadros e modelos.

O autor possui uma experiência muito grande como administrador e professor. Foi professor de algumas Faculdades de Administração, chegando em duas delas à Coordenação do Curso de Administração. É autor de: *Marketing para Empreendedores; Comunicação Empresarial; Básico de Administração; Tempo: Aprenda a Administrar; Análise do Resultado Empresarial; Documentos Empresariais; Gestão de Restaurante; Administração para Empreendedores; Antologia do Empreendedor; Problemas do Empreendedor; Sistemas de Informação; Glossário do Empreendedor.*

Havendo interesse de sua Instituição em relação ao livro em epígrafe, solicitamos nos informar o nome do professor de Marketing e qual seu canal de comunicação, para que o mesmo seja agraciado com um exemplar, assim que o mesmo seja lançado no Mercado Editorial.

Atenciosamente

____

Canais de Comunicação: ______________________________________

5.10 Brief do Catálogo do Site da Editora

O autor deve ajudar a Editora no que for possível fazer, como o referido Brief.
A seguir, um exemplo:

Brief do Site da Editora

Este livro, além de dizer que todos nós nascemos vendedores, acrescenta alguns conhecimentos gerenciais para que o leitor, na qualidade de vendedor, não venha a se surpreender com o fracasso do seu empreendimento, porque o mesmo tenta mostrar como evitar erros de:

- Avaliação, por pressa em fazer acontecer.
- Desconhecimento do mercado que pretende atuar.
- Tomadas de decisão intempestivas e falta de fundamentação nas funções administrativas e organizacionais.

O autor passa toda sua experiência de vida profissional, como executivo, empreendedor e professor, para que o leitor não cometa os mesmos erros que ele amargou no passado.

Claramente, as atividades de marketing devem ser conduzidas sob a filosofia de que o consumidor vem em primeiro lugar e que a empresa deve se pautar, minimamente, nos conceitos de eficiência, eficácia, efetividade, produtividade, responsabilidade, inovação, criatividade, qualidade, atendimento, comprometimento e transparência.

A exposição do texto, ao longo do livro, é multiforme, pois além de possuir um estilo didático, bastante acentuado, preocupação maior do autor, é também pragmática, trazendo exemplos numéricos e problemas resolvidos do dia a dia da empresa, além de muitas dicas de como agir e inúmeras ilustrações, na forma de: diagramas, gráficos, matrizes, tabelas, quadros, planilhas, quadros e modelos.

5.11 Sumário do Site

O sumário do site da Editora é diferente daquilo que temos visto como sumário. A seguir, um exemplo:

Sumário do Site

01 – Mercado: Conceito de Mercado, 1; Classificação dos Mercados, 2; Tendências do Mercado, 5

02 – Ambiente: Conceito de Ambiente, 7; Tipos de Ambiente, 7; Qualidade Ambiental, 9; Cenário, 11

03 – Produto: Conceito de Produto, 13; Bens, 13; Ciclo de Vida do Produto, 14; Composto Mercadológico, 16; Tipos de Produto, 17; Linha de Produtos, 18; Embalagem, 21; Especificações, 21; Obsolescência, 22

04 – Marca: Conceito de Marca, 23; Produto x Marca, 24; Marcas e Patentes, 24; Tipos de Marca, 26; Gerência da Marca, 26; Elementos da Marca, 27

05 – Consumo: Conceito de Consumo, 29; Tipos de Consumo, 29; consumidor, 30; Perfil do Consumidor, 32; Tipos de Consumidor, 32; Crédito, 33; Financiamento, 34; Compra, 35; Satisfação do Consumidor, 37

06 – Comercialização: Conceito de Comercialização, 39; Tipos de Comercialização, 40; Evolução da Comercialização, 40; Comércio, 41; Ponto Comercial, 42; Sociedade Comercial, 42; Legalização da Empresa, 43; Regulamentação do Comércio, 44; Documentos Comerciais, 44

07 – Marketing: Conceito de Marketing, 47; Objetivos do Marketing, 47; Administração de Marketing, 48; Planejamento de Marketing, 51; Conflitos de Marketing, 51; Evolução do Marketing, 52; Marketing Direto, 53

08 – Serviço: Conceito de Serviço, 55; Setor de Serviço, 56; Características do Serviço, 57; Unidades de Serviço, 58; Tipos de Serviço, 59; Terceirização, 60; Prestação de Serviço, 62

09 – Atendimento: Conceito de Atendimento, 63; Valores Agregados do Atendimento, 63; Avaliação do Atendimento, 70; Relações com Consumidores, 72; Tipos de Atendimento, 72; Tempo de Atendimento, 73

10 – Varejo: Conceito de Varejo, 75; Tipos de Loja, 75; Organizações Varejistas, 77; Poder do Varejo, 80; Estoque de Varejo, 80; Competição no Varejo, 81; Geografia do Varejo, 82

20 – Negociação: Conceito de Negociação, 195; negociador, 196; Tipos de Negociação, 197; Processo de Negociação, 198; Obstáculos à Negociação, 199; Estratégias e Táticas de Negociação, 201

21 – Pesquisa de Mercado: Conceito de Pesquisa, 203; Questionamento, 203; Características da Pesquisa, 204; Classificação da Pesquisa, 205; Pesquisa de Mercado, 206; Coleta de Dados, 208; Amostragem, 209; Questionário de Pesquisa, 210; Relatório de Pesquisa, 211; Estatística Aplicada, 212

22 – Previsão de Vendas: Conceito de Previsão, 217; Previsão de Vendas, 218; Métodos de Previsão, 218

23 – Qualidade: Conceito de Qualidade, 225; História da Qualidade, 225; Finalidade da Qualidade, 226; Cultura da Qualidade, 227; Melhoria da Qualidade, 227; Tipos de Qualidade, 229; Controle de Qualidade, 230; Círculos de Controle de Qualidade, 232; Benchmarking, 233

24 – Custo, Preço e Lucro: Conceito de Custo, 235; Custo Unitário do Produto, 235; Tipos de Custo, 237; Sistemas de Custeio, 238; Rateio do Custo Fixo, 239; Preço de Venda, 240; Cálculo do Preço de Venda, 242; Lucro, 245; Receita, Gasto e Despesa, 245; Depreciação, 246; Ponto de Equilíbrio, 247; Otimização do Lucro, 249

25 – Estratégia: Conceito de Estratégia, 253; Classificação das Estratégias, 255; Formulação da Estratégia, 255; Avaliação da Estratégia, 256; Estratégias Competitivas, 257; Estratégias de Marketing, 258; Estratégias de Produção, 259; Estratégias de Vendas, 260

5.12 Sinopse

A sinopse é uma apresentação concisa dos pontos básicos de um projeto, redigido pelo autor ou relator para um determinado leitor, com a finalidade de permitir que este decida se convém, ou não, fazer a leitura integral de todo o projeto (livro, relatório).

Embora a sinopse faça uma abordagem resumida, não é um resumo descritivo do projeto, e sim um retrato da verdadeira natureza do trabalho a realizar, já que é um documento construído com a finalidade de sensibilizar alguém a se interessar por seu conteúdo, antes se sua apresentação propriamente dita. É uma espécie de relato que resume os enfoques relevantes de um projeto.

Assim, o maior problema da sinopse é ter uma estrutura organizacional expositiva confusa. Por esta razão é recomendado que os itens de abordagem sejam, em princípio, os seguintes:

- Definição do Projeto e Filosofia Orientadora.
- Objetivo Principal e Objetivos Complementares.
- Meta Inicial e Momento Atual.
- Público-Alvo, Justificativa e Relevância.
- Viabilidade, Pesquisa e Recursos Necessários
- Organização das Fases do Projeto.
- Comunicação e Divulgação.
- Acompanhamento e Resultado.

Como muitos autores confundem sinopse com resumo, quadro sinótico e anteprojeto, aí vai:

Resumo – É a condensação de um estudo, mencionando as principais contribuições do trabalho para os leitores, dando uma visão rápida e clara do conteúdo e da conclusão.

Quadro Sinótico – O quadro sinótico é bom auxiliar na fixação da aprendizagem. Não deve ser usado, contudo, de maneira abusiva, pois acabará por perder a sua finalidade e tornar-se um aprisionador da atividade intelectual livre e criadora, tanto do aluno como do professor.

Anteprojeto – O anteprojeto é um esboço preliminar do projeto, como o protótipo é para o produto. Deve ser simples, conciso, objetivo e de orçamento reduzido.

A seguir, um exemplo de uma Sinopse de um Curso de Administração do Tempo:

Sinopse do Curso de Administração do Tempo

Objetivo: O curso pretende habilitar os participantes a gerenciar o uso do tempo de forma útil e inteligente.

Público-Alvo: Embora não se exija dos instruendos certificados de capacitação escolar, é indispensável que os mesmos apresentem formação que os habilite acompanhar os assuntos apresentados.

Nível do Curso: O curso tratará os assuntos num nível de fácil entendimento, onde sempre serão observadas as dúvidas de contexto, de conteúdo e de conceituação.

Organização: O curso terá uma carga de 120 horas, distribuídas da seguinte forma: Período Presencial (40%); Período Extraclasse (60%).

Docente: Nelson Pereira da Costa possui uma experiência muito grande como administrador e professor, além de ser pós-graduado em Metodologia do Ensino Superior e Mestrado em Administração.

Metodologia: O curso pretende desenvolver no participante a capacidade de disciplinar o raciocínio e a habilidade crítica.

Material: O curso está fundamentado no livro T*empo: Aprenda a Administrar*, entregue ao aluno no primeiro encontro, onde os assuntos são abordados em linguagem fácil, numa ordem crescente de dificuldades, indo do simples para o complexo.

Vagas: O número de vagas está limitado a 30 (trinta) pessoas.

Inscrição: Os procedimentos de inscrição serão ditados pela instituição mantenedora do treinamento e desenvolvimento humano.

Certificado: Serão conferidos certificados aos participantes com 70% de frequência mínima de acompanhamento do curso.

Avaliação: A avaliação de desempenho do participante, do curso e da instituição será feita em:

- Dois testes de autoavaliação para medir o progresso do participante.
- Dois testes de aferição do aprendizado, através de perguntas objetivas e subjetivas.
- Um questionário de pesquisa para medir as expectativas do participante.
- Um questionário de pesquisa para avaliar o curso.
- Um questionário de pesquisa para avaliar a instituição.

Documentação: Toda documentação de avaliação e pesquisa será entregue na Coordenação do Curso.

Conteúdo Programático: Administração do Tempo; Tempo, Planejamento e Controle; Tempo, Direção e Gerência; Tempo, Comportamento e Comunicação; Tempo, Organização e Conhecimento; Controle do Tempo Executivo.

Atividades Complementares: Leituras de textos e casos, fornecidos pelo professor, buscando a reflexão, análise, solução e administração de conflitos.

Plano de Curso:

- **Primeiro Encontro:** Apresentação da instituição; finalidade do curso; apresentação do professor; apresentação dos alunos; leitura crítica da Introdução; opiniões sobre o tema do curso.

- **Segundo Encontro:** Assunto – Administração do Tempo; objetivos do encontro; conceito de tempo; significado do tempo; utilização do tempo; classificação do tempo; febre da ocupação; premissas para administrar o tempo; leitura do texto "A Compulsão pela Inutilidade".

- **Terceiro Encontro:** Assunto – Tempo, Planejamento e Controle; objetivos do encontro; conceito de planejamento; falta de objetivos; falta de planejamento; falta de programação; falta de políticas; conceito de controle; necessidade de um cronograma; representação gráfica; excesso de controle; leitura do texto "O Uso do Tempo".

- **Quarto Encontro:** Assunto – Tempo, Direção e Gerência; objetivos do encontro; conceito de direção; dificuldade em decidir; falta de delegação; delegação para cima; falta de racionalidade; falta de motivação; dificuldade de diagnosticar; falta de flexibilidade; excesso de reuniões; necessidade de autoavaliação; falta de métodos e modelos; conceito de gerência; falta de habilidade gerencial; interrupções e repetições; falta de assessoria; leitura do texto "Um Estudo do Tempo".

- **Quinto Encontro:** Assunto – Tempo, Comportamento e Comunicação; objetivos do encontro; conceito de comportamento; perfeccionismo; resistência à mudança; tendência à postergação; falta de objetividade; relógio biológico; necessidade de filiação; falta de saúde; conceito de comunicação; habilidade de relacionamento; habilidade de ouvir; habilidade de falar; habilidade de ler e escrever; uso inadequado de equipamento; comunicação do produto; leitura do texto "Tempo: Recurso do Gerente Eficaz".

- **Sexto Encontro:** Assunto – Tempo, Organização e Conhecimento; objetivos do encontro; conceito de organização; desorganização pessoal; falta de recursos; racionalização; amplitude de controle; conceito de conhecimento; falta de informação; falta de conhecimento; falta de visão; leitura do texto" Diagnóstico do Tempo".

- **Sétimo Encontro:** Assunto – Controle do Tempo Executivo; objetivos do encontro; regras para controlar o tempo; estudo do Caso: Empresa Tempo Limitado.

- **Oitavo Encontro** – Questionário de Autoavaliação do Uso do Tempo.

5.13 Release

Release é o texto resumido dado a um determinado público para divulgar algo. A seguir, exemplos de releases de livros:

Marketing para Empreendedores

Num mundo de incertezas e inovações, as habilidades conceituais em mercadologia ajudarão o dirigente a ter o sucesso como resposta. Este livro levará você a compreender que, sem o conhecimento de Marketing, será difícil realizar-se como empreendedor e empresário. O autor não apresenta uma parte didática longa e cansativa, apenas traz aquilo que é necessário e relevante saber, buscando desenvolver no leitor as capacidades de raciocinar e refletir, através de exercícios, leitura de textos e estudo de casos.

Tempo: Aprenda a Administrar

Tempo é dinheiro diz o ditado. Mas, qual é a importância do tempo para as pessoas? Raras são aquelas com capacidade para usar o tempo de maneira inteligente. Estão sempre reclamando que não têm tempo para nada. Se o tempo é igual para todos, por que as horas passam rápidas para certas pessoas e para outras não? Este livro mostrará que só é possível usar o tempo de forma racional, se o leitor compreender a necessidade de estudar como administrar seu precioso e irreversível tempo.

Gestão de Restaurante

O livro, Gestão de Restaurante, ajudará os donos de bares, restaurantes e potenciais empreendedores do ramo da gastronomia, naquilo que é relevante saber para bem conduzir o negócio. Este texto se define como uma ferramenta de trabalho, para o planejamento e desenvolvimento de um restaurante, cuja finalidade é atender os consumidores em três frentes:

- Servir refeições prontas em uma loja.
- Distribuir alimentos congelados para bares e quiosques.
- Dar suporte de bufê a pequenos e médios eventos.
- Entregar em domicílio (Delivery) o prato que o consumidor escolher.
- Atender como Bar no horário da noite.

Capítulo 6

Documentação

"Há sempre um momento na nossa vida em que uma porta se abre e deixa o futuro entrar".
Graham Greene

Objetivos do Capítulo

- Mostrar que a documentação de um livro, deve ser muito bem estruturada.
- Mostrar exemplos de documentos que dão suporte ao autor.
- Mostrar a importância de ter arquivos organizados.

6.1 Documentação

A documentação é um conjunto de informações relativas a um fato, um problema, uma situação, um plano, um resultado, uma política, uma previsão, uma decisão, uma estratégia, uma estrutura, um projeto, por exemplo.

Não se deve jamais perder de vista o fato de que a documentação é a ponte entre os especialistas e os generalistas, e que, por isso, deve ter uma sólida estrutura. Por isso, é necessário que os documentos sejam grupados em conjuntos lógicos e acessíveis àqueles que farão uso dos mesmos.

Embora a documentação atualizada seja fator primordial, em qualquer fase do desenvolvimento de um livro, ela passa a ser um fator crítico de sucesso quando adentramos na fase de divulgação do projeto. De um ponto de vista técnico e enquanto método pessoal de estudo, pode-se falar que a documentação pode ser classificada em:

Documentação Temática – Visa coletar elementos relevantes para o estudo em geral ou para a realização de um trabalho em particular, sempre dentro de determinada área.

Documentação Bibliográfica – Constitui um acervo de informações sobre livros, artigos e demais trabalhos que existem sobre determinados assuntos.

Documentação Geral – É aquela que organiza e guarda documentos úteis, retirados de fontes, tais como: jornais, revistas, textos.

A leitura e a aprendizagem, em qualquer área do conhecimento, são plenamente eficazes somente quando criam condições para uma contínua e progressiva assimilação da documentação estudada. A assimilação, por sua vez, precisa ser qualitativa e inteligentemente seletiva, dada à complexidade e a enorme diversidade das várias áreas do saber humano.

6.2 Arquivo

Arquivo é um conjunto de registros afins, colocados de forma ordenada e de fácil acesso, tendo um caráter provisório, já que podem mudar de meio, isto é, serem construídos com tecnologia de última geração.

O autor deve utilizar a área de trabalho do computador com racionalidade. Deve utilizar poucos ícones (atalhos). Também deve utilizar pastas e subpastas para mais bem organizar os arquivos.

A primeira e mais lógica fonte de consulta, para se iniciar o trabalho de escrever um livro, está nos arquivos do autor. Assim, toda documentação deve ser arquivada, porque a primeira e mais lógica fonte de consulta está nos arquivos do autor (biblioteca).

O meio de arquivar tais registros (dados, informações) pode ser: papel, acumulador, disco, fita, disquete, CD, filme ou qualquer meio denso.

O ser humano pode guardar informações no cérebro por algum tempo, mas não por todo o tempo.

É comum que o autor de um novo livro, dentro do possível, arquive o máximo de dados preliminares para agilizar e ajudar no desenvolvimento e construção do projeto. É importante entender que não é preciso começar do zero, pois, por mais difícil que possa parecer sobre fontes de consulta para um projeto, é importante que se diga que sempre existem estudos anteriores.

É muito difícil que um livro seja um projeto singular.

É só procurar e ter paciência de pesquisar e guardar documentos que servirão no futuro (arquivos de gaveta, arquivos de computador). É muito difícil ser muito diferente e inédito em tudo que se faz. Assim, não esqueça de adequar ao Século XXI, em termos de linguagem, estilo e contexto, o seu Livro.

6.3 Dados

O dado é um elemento identificado em sua forma bruta, que, por si só, não conduz a uma compreensão da situação. Pode ser entendido como uma letra, um símbolo, um dígito, um número ou um caractere, que por si só não permite assimilar conhecimento e até não transmite significado.

Os dados fornecem a base de sustentação das informações necessárias para o desenvolvimento, implantação e sobrevivência de um produto, projeto, empresa, organização e de até uma pessoa.

As principais características dos dados são:

- Geralmente têm uma frequência de mudança muito menor do que os procedimentos.
- Permitem diferentes versões de utilização.
- Precisam ser gerenciados através de um banco de dados.
- São coletados de maneira metódica, precisa e eficiente, ajudando o trabalho de análise, que precede a resolução de um problema.
- Ajudam a formar opiniões, bem como fazer avaliações, análises e medições.
- Precisam ser filtrados para consubstanciar a informação relevante.

Em sua forma não processada, os dados podem quase não ter sentido. Grandes quantidades de números tendem a confundir, ao invés de esclarecer, simplesmente, porque nossa mente não é capaz de abranger a variedade e os detalhes inerentes a grandes conjuntos de dados.

Como muitos detalhes atrapalham mais do que ajudam, há necessidade de que os dados sejam organizados.

A organização de dados é uma ação racional e prática, após a consolidação ou apuração dos mesmos, que se faz necessária para um melhor entendimento dos dados.

Através desta estruturação, procura-se mostrar de modo claro a compatibilidade entre os dados numéricos e o fato (fenômeno) submetido ao levantamento estatístico. A estes dados, grupados desta forma, dá-se o nome de série histórica.

O objetivo da série histórica é mostrar a estreita vinculação entre o fenômeno e os dados.

6.4 Apresentação dos Dados

Os dados são apresentados seguindo convenções. Quantas vezes têm-se o desprazer de ler textos em que as unidades de medidas como metro, segundo minuto, hora, quilômetro, por exemplo, aparecem escritos erradamente.

Eis algumas unidades escritas de maneira correta:

Hora = h (10 h)
Minuto = min (20 min)
Grama = g (5 g)
Tonelada = t (2 t)
Hectare = ha (4 ha)
Temperatura = ºC (40 ºC)
Litro = l (2 l)

Devemos observar os espaços entre o número (quantidade) e o símbolo, como por exemplo:

1 h; 2 h; 30 min; $ 1,59; 1 cm; 1 mm; R$ 2,00.

As unidades monetárias dentro do texto devem ser escritas:

$ 10; $ 100; $ 1.000 (padrão de 1 a 1.000); 1.500 dólares; 2.300 dólares; 3.800 dólares; um milhão de dólares; três bilhões de dólares; 11 milhões de dólares; 17 milhões de dólares; 1,5 bilhão de dólares; 1,3 a 5 milhões de dólares.

A apresentação de dados deve ser cuidadosamente desenvolvida para evitar: distorções, confusões, linguagem prolixa, falsas interpretações, valores heterogêneos, correlações e comparações malfeitas. Ela deve se ater ao relevante e pertinente ao público-alvo.

Tabelas, quadros e gráficos auxiliam na apresentação dos dados, uma vez que facilita, ao leitor, a compreensão e interpretação rápida da massa de dados, podendo mostrar detalhes e relações importantes. Entretanto, seu propósito mais importante é ajudar na distinção de diferenças, semelhanças e relações.

A seguir, algumas características:

Tabela – A tabela é construída, utilizando-se dados obtidos pelo próprio pesquisador em números absolutos ou relativos. Quanto mais simples for a tabela, mais claros e objetivos são os dados. Quando se tem um número muito grande de dados, é preferível utilizar um número maior de tabelas, para evitar confusões. O que caracteriza a boa tabela é a capacidade de apresentar ideias e relações independentes.

Quadro – O quadro é elaborado, tendo por base dados secundários, isto é, obtidos de fontes diversas.

Gráfico – O gráfico é usado para grande variedade de ilustrações, como esquemas, desenhos, diagramas, mapas, por exemplo. Os gráficos utilizados com habilidade, podem evidenciar aspectos visuais dos dados, de forma clara e de fácil compreensão. Em geral, são empregados para dar destaque a certas relações significativas.

6.5 Coleta de Dados

A coleta de dados é uma reunião metódica, precisa e eficiente de acontecimentos e fenômenos necessários para o perfeito entendimento do cenário.

As operações de coleta de dados precisam ser detalhadamente planejadas e controladas, para que os dados coletados tenham alta qualidade e para que as previsões de tempo e custo sejam atingidas.

Os dados coletados podem ser estruturados para permitir análises estatísticas. Ainda que as exigências nos setores: Agricultura, Indústria, Comércio, Serviço sejam diferentes, há muitos fatores no planejamento da coleta de dados questionário que são universais, pois ele pode ser utilizado como ferramenta de trabalho, de consulta, de análise, de avaliação e de referência.

Pesquisadores necessitam de dados e, para tal, se valem de diversas abordagens, como: questionário (físico e virtual), entrevista, observação, encontro.

As principais técnicas de coleta de dados são: Questionário; Levantamento Postal; Entrevista; Leitura; Observação; Estimativa; Amostragem.

A amostragem consiste na escolha de determinadas partes ou de determinados instantes na execução de um serviço para a observação ou contagem. Essa observação será realizada em número relativamente pequeno, de vez que os resultados obtidos serão considerados como representativos do processo global do trabalho.

6.6 Fontes e Referências Bibliográficas

Fonte é todo e qualquer documento (arquivo) ligado diretamente ao objeto de estudo. As fontes são as testemunhas diretas ou contemporâneas do fato (fenômeno) estudado, material bruto, não elaborado.

As fontes podem vir de arquivos públicos e particulares, ou, ainda, de fontes estatísticas, que abrangem os mais variados aspectos das atividades societárias.

Cada uma das fontes deve ser avaliada quanto à: credibilidade, custo, tempo, acessibilidade, coerência, pertinência, verificação.

A referência bibliográfica (bibliografia) é um conjunto de informações, constantes de uma lista de obras consultadas para embasar um livro, artigo, relatório, dissertação, tese, por exemplo.

Quando o autor for escrever um livro ele deve fazer um arquivo que conste o assunto a ser pesquisado e suas respectivas fontes de consulta.

6.7 Questionário de Pesquisa

O questionário de pesquisa é um método comum para se coletar dados relevantes para a performance de uma avaliação, porque utiliza uma técnica flexível que não é, necessariamente, tão dispendiosa.

Projetar um questionário está longe de ser uma ciência.

Muitas vezes, há o envolvimento da criatividade dos pesquisadores. Basicamente, eles desejam obter a informação de que necessitam e a querem exata.

O conteúdo e a ordem das perguntas variam em função do objetivo.

A seguir, um exemplo de um questionário de pesquisa, que pode ser enviada para um público selecionado (público-alvo):

Questionário de Pesquisa

1 – Como você vê o livro?
- Valioso
- Ajuda na Instrução
- Dispensável

2 – Você gostaria de escrever um livro?
- Sim
- Não
- Ainda não pensei nisso

3 – Que livro você mais prefere?
- Ficção
- Didático

- Autoajuda
- Esoterismo
- Romance
- Poesia
- Terror
- Ficção Científica
- Biografia

4 – Conhece alguém que quer ser escritor?
- Sim
- Não
- Mais ou menos

5 – Você acredita que um serviço de consultoria editorial ajudará a mais bem escrever um livro?
- Sim
- Não
- Mais ou menos
- Não sabe dizer

6 – Você já possui um ensaio de livro?
- Sim
- Não
- Tenho vários
- Já tentei publicar e nunca consegui

7 – Você procurou quantas editoras?
- Nenhuma
- Algumas
- Muitas
- As Editoras publicam livros de famosos e ricos

6.8 Banco de Dados

O banco de dados é uma coleção de arquivos estruturados, não redundantes e inter-relacionados, que proporciona uma fonte única de dados para uma variedade de aplicações. Pode ser considerado com o conjunto de bases de dados, associado a um programa de gerenciamento dessas bases, visando formar uma espécie de arquivo mãe de todos os dados.

A criação de um banco de dados dará condição para se saber quem são nossos clientes, colaboradores e fornecedores de recursos. A construção eficiente e eficaz de bancos de dados necessita da administração de dados. Caso contrário, não passaria de mais um método de organização ou acesso a arquivos em computador.

É muito comum se confundir listagem com banco de dados. A listagem é um arquivo de nomes, endereços e/ou telefones e o banco de dados contém, além dessas informações, muitas outras, em função da finalidade de sua utilização.

A administração de dados é que permite que as diferentes versões dos mesmos dados possam ser consolidadas, de modo que eles possam ser armazenados em um único lugar nos bancos de dados, ficando à disposição do autor.

Uma listagem atualizada de e-mails é de grande importância para o autor, porque ajuda na divulgação do livro. O e-mail é uma carta por via eletrônica, sem a cosmetização e floreios do passado. Permite aos usuários o envio de mensagem ou arquivos anexos de um computador para outro.

A mensagem chega quase instantaneamente e pode ser gravada, imprimida e respondida no ato. Uma outra facilidade é a inclusão de um programa que filtra o que interessa. Geralmente, a filtragem é feita pelo próprio servidor (sistema provedor de serviços à internet).

É necessário esclarecer que listagem é sinônimo de lista, relação e rol. Já o mailing list é uma relação de endereços para correspondência a serem feitas por meio dos Correios e, geralmente, para atender a uma mala direta.

6.9 Caixa do Projeto

O caixa é um controle diário onde são registradas todas as transações em dinheiro e por onde passa todo o fluxo de valores monetários do sistema financeiro do projeto. Assim que começar a escrever, o autor deve criar uma planilha para o controle do caixa do projeto, como arquivo independente.

Embora simples, é um controle de extrema importância, mostrando, através do saldo, o disponível em dinheiro. A seguir, um exemplo de controle de caixa:

Data	Histórico	Entradas	Saídas	Saldo

Onde: Saldo = Entradas - Saídas

6.10 Relatório

O relatório é uma apresentação escrita ou oral, para transmitir informações a um leitor determinado, numa forma completamente imparcial e sob o aspecto mais útil ao leitor, com o propósito de resolver um problema específico. Ele busca localizar os erros ou desvios, sobretudo para permitir a predição de outros resultados futuros.

Um relatório é composto basicamente de três partes:

Introdução: Relator caracteriza o problema e prepara o leitor para o raciocínio a ser desenvolvido no corpo do relatório. A introdução deve conter a finalidade do documento, seu escopo e a sequência de apresentação dos assuntos.

Corpo do Relatório: O corpo do relatório e construído por um conjunto de itens. Neles o relator deve apresentar o desenvolvimento de todo seu raciocínio, preparando o leitor para a conclusão.

Conclusão: A conclusão termina a investigação do problema ou fenômeno, apresentando uma solução ou explicação. Ela conduz o leitor a verificar se a diretriz, política, estratégia, procedimento, regulamento estão adequados à realidade atual ou se a solicitação foi fielmente atendida.

A conclusão não é um resumo nem a repetição do abordado e contido no corpo do relatório.

A primeira parte do relatório deve apresentar um sumário de seus pontos altos, para que os destinatários possam ver rapidamente que conclusões foram alcançadas.

O relatório também deve mencionar quaisquer limitações que o estudo possa ter e quaisquer problemas que tenham sido identificados quando da coleta de dados.

6.11 Relatório Comparativo

O relatório comparativo é um relatório em que valores são postos a prova com outras obras, com a finalidade de construir um juízo próprio. É comum que o autor, quando apresenta um original do livro à Editora, anexe um relatório onde compara os seus assuntos abordados com os principais livros de mercado editorial que tratam do mesmo assunto.

A seguir, um exemplo:

Relatório Comparativo

Objeto de Estudo: Comparação do original Marketing para Empreendedores, com os principais autores dos livros de Marketing do mercado editorial, tais como: Kotler (*Administração de Marketing*); Minadeo (*Gestão de Marketing)* e Equipe FGV-EAESP (*Gestão de Marketing*).

Capítulo 01 – Mercado: Kotler – Aborda mercado com uma visão de economista e não de um administrador. Não traz o assunto encabeçando um capítulo; Minadeo – Não tem um capítulo dedicado ao estudo de mercado; FGV-EAESP – Aborda mercado da mesma maneira que o Kotler; Original – Dedica um capítulo inteiro ao estudo de mercado, indo da conceituação até a globalização.

Capítulo 02 – Ambiente: Kotler – Aborda ambiente, mostrando uma tipologia, mas não dedica um capítulo inteiro ao estudo; Minadeo – Dedica páginas ao estudo de ambiente, como se copiasse o Kotler; FGV-EAESP – Aborda ambiente de marketing em uma página, dando uma conotação econômica; Original – Dedica um capítulo inteiro ao estudo, indo da conceituação até a preservação ambiental. Além do mais, aborda os conceitos de Cenário e Oportunidade.

Capítulo 03 – Produto: Kotler – Embora aborde o assunto, em 4 capítulos sucessivos, não faz uma distinção entre produto, inovação e novo produto. Comete o grande erro de abordar novo produto antes de produto. O Kotler é considerado um "guru" em Harvard, mas no meu entender ganha dinheiro com consultoria; Minadeo – Aborda o assunto de maneira correta; FGV-EAESP – Possui um capítulo intitulado Administração de Produtos, onde aborda estratégias de diferenciação e de posicionamento, bem como marca, quando deveria separar tais assuntos para dar uma linguagem mais pedagógica; Original – Aborda o assunto, acrescentando os conceitos de bem, serviço, ideia, valor do produto e suas especificidades. Quanto ao produto, dá importância ao: desempenho, problemas de retirada, ciclo de vida, codificação e gerenciamento, de forma mais detalhada.

Capítulo 04 – Marca: Kotler – Aborda o assunto de maneira dispersa, como é seu estilo. Não ajudando, dessa forma o pesquisador, o estudante e o professor; Minadeo – Aborda o assunto de maneira correta e num único capítulo; FGV-EAESP – Aborda o assunto em apenas uma página, junto com embalagem, não dando, infelizmente, a atenção devida ao assunto; Original – Aborda o assunto desde o conceito de marca até suas estratégias, passando por decisão, tipo, gerência e construção de uma marca.

Capítulo 05 – Consumo: Kotler – Aborda o assunto em diversas partes do livro, como de hábito. Este estilo é muito prejudicial ao estudante e ao insipiente pesquisador; Minadeo – Aborda apenas o comportamento do consumidor, dando destaque como capítulo; FGV-EAESP – Aborda comportamento do cliente em um capítulo próprio. Como sempre dá uma visão econômica ao assunto. Reúne mercado, modelo, processo e fator como as variáveis que influenciam o comprador, esquecendo os valores subjetivos e os mecanismos de persuasão da Força de Vendas; Original – Esclarece os conceitos de consumo, consumidor, compra e comprador. Aborda crédito e financiamento, somente visto no livro do Kotler.

Capítulo 06 – Comercialização: Kotler – Aborda o assunto num item do Capítulo Desenvolvimento de Novos Produtos, onde mostra a necessidade de analisar o mercado como fator-chave para lançar um produto. Esquece, porém, que Desenvolvimento & Pesquisa nada tem a ver com a arte da comercialização; Minadeo – Como este livro não possui índice remissivo, é possível que ao longo do livro tenha feito uma abordagem da comercialização; FGV-EAESP – Não aborda o assunto; Original – Aborda muito bem o assunto, tanto que vai além do esperado para um livro de nível superior, porque este assunto, em geral, é tratado em cursos de nível técnico. Aborda os conceitos de comércio, comercialização, comerciante, legislação comercial, tributação e documentação, bem como tipos, processos, elementos e papéis da comercialização.

Capítulo 07 – Marketing: Kotler – Aborda o assunto muito bem. Só que é exagerada a visão que o autor tem do assunto. Encara tudo como marketing e todos os problemas terão solução por meio do composto mercadológico; Minadeo – Aborda o assunto no Capítulo Elementos de Marketing. Faz uma crítica à apologia que se faz de marketing, no que concordamos plenamente; FGV-EAESP – Aborda o assunto no Capítulo Fundamentos de Marketing; Original – Aborda o assunto, mostrando seus conflitos com as demais funções organizacionais. Procura, em todo momento, fazer o leitor entender que marketing não é sinônimo de propaganda, porque, infelizmente, ouvimos a todo instante: "Se o negocio não vai bem, está na hora de por um pouco de marketing", como se esta palavra fosse mágica.

Capítulo 08 – Serviço: Kotler – Aborda o assunto ao longo do livro como de hábito. Não trata como um capítulo separado. Há uma preocupação em classificar os serviços em detrimento de suas aplicações; Minadeo – Aborda o assunto em capítulo próprio; FGV-EAESP – Não dá o devido respeito ao Serviço. Ainda utiliza a expressão: produtos e serviços, esquecendo de que o produto pode ser: bem, serviço ou ideia; Original – Dá bastante destaque ao serviço, apresentando, além das características, as armadilhas e problemas embutidos nos conceitos de: perfeccionismo, desperdício, racionalização, terceirização, supervisão, garantia, programa e programação.

Capítulo 09 – Atendimento: Kotler – Não aborda o assunto; Minadeo – Aborda o assunto como endomarketing (serviço para o público interno); FGV-EAESP – A abordagem feita é muito pequena para o valor que tem, hoje, o atendimento; Original – Aborda o assunto com grande destaque, num capítulo exclusivo, mostrando desde o conceito até comportamento no atendimento, passando por avaliações, valores, estratégias e relações com consumidores.

Capítulo 10 – Varejo: Kotler – Aborda varejo, atacado e logística, em um único capítulo; Minadeo – Aborda o assunto de maneira correta, em um só capítulo; FGV-EAESP – Aborda o assunto de maneira tipológica; Original – Aborda o assunto como os demais, acrescentando Fusões & Aquisições e Controle de Estoque.

Capítulo 11 – Vendas: Kotler – Aborda o assunto em vários capítulos, como é seu estilo; Minadeo – Aborda o assunto dentro do Capítulo Força de Vendas; FGV-EAESP – Aborda o assunto em vários capítulos, ao estilo Kotler; Original – Aborda o assunto dando destaque como um capítulo a parte, indo do conceito até a documentação de suporte, passando por técnicas e avaliações. Nosso livro dá mais importância ao estudo de Vendas que os demais. Afinal não adianta ser um especialista em Marketing e não saber vender.

Capítulo 12 – Força de Vendas: Kotler – Aborda o assunto mais pelo lado da administração de vendedores; Minadeo – Aborda o assunto mais pelo lado comportamental dos vendedores; FGV-EAESP – Aborda o assunto como o Kotler; Original – Aborda o assunto de forma mais completa, mostrando o trabalho em equipe, as atribuições, o turnover, o número de visitas, a avaliação, o recrutamento e a seleção de vendedores, bem como o treinamento e a política do pessoal de vendas. Nosso livro apresenta um estudo muito mais abrangente que os demais, neste quesito.

Capítulo 13 – Logística: Kotler – Aborda o assunto, sem o destaque merecido, já que hoje o varejo virtual encontra na Logística o seu maior problema; Minadeo – Aborda o assunto pelo lado da distribuição física, pura e simplesmente; FGV-EAESP – Aborda o assunto, mas de maneira simplista; Original – Aborda o assunto, dando uma abrangência maior que os demais autores, porque a abordagem, além de ser sistêmica, dá grande importância a: movimentação de materiais, meios de transporte, armazenagem, gerência de estoque e sistema de aquisição.

Capítulo 14 – Franquia: Kotler – A abordagem é muito pequena, devido a importância do assunto; Minadeo – Aborda o assunto de maneira muito sucinta, observando vantagens e desvantagens; FGV-EAESP – Aborda o assunto com pouco mais detalhes que o Minadeo; Original – Dedica um espaço bem maior para estudar a franquia, que é o negócio que mais cresce no mundo.

Capítulo 15 – Novo Produto: Kotler – Aborda o assunto dentro do Capítulo Desenvolvimento de Novos Produtos, misturando outros assuntos que se relacionam com o novo produto de forma indireta, no melhor estilo Kotler; Minadeo – Aborda o assunto como inovação, esquecendo que a inovação também é para processo e não é sinônimo de novo produto. Mistura segmentação que nada tem a ver com o assunto; FGV-EAESP – Faz uma abordagem de página para o assunto; Original – Mostra o assunto com a importância de um projeto de produto, abordando os fatores chaves do novo produto, seu lançamento, as preocupações com planejamento e com capital para levar adiante o desenvolvimento do novo produto. Apresenta um exemplo do cálculo do capital de giro necessário para dar partida ao projeto.

Capítulo 16 – Tecnologia, Inovação e Mudança: Kotler – Aborda os três assuntos de forma muito superficial; Minadeo – Não aborda as Revoluções Tecnológicas que mudaram os comportamentos dos consumidores, dos produtos e dos mercados, como também da humanidade; FGV-EAESP – A abordagem é extremamente insuficiente; Original – Dá um tratamento bastante respeitoso aos assuntos, devido ao fato de que se trata de forte fator competitivo no mercado. Por tal, dedica um capítulo inteiro ao estudo (26 páginas).

Capítulo 17 – Criatividade e Conhecimento: Kotler – A abordagem é mínima e não dá o devido respeito ao Conhecimento (Capital Intelectual); Minadeo – Não aborda estes assuntos; FGV-EAESP – Não aborda estes assuntos; Original – Aborda estes assuntos para mostrar que a Criatividade e o Conhecimento são vetores que ajudam a empresa a sobreviver em um mercado cada vez mais turbulento e predatório.

Capítulo 18 – Comunicação e Informação: Kotler – Aborda comunicação do produto num capítulo e propaganda e promoção em outro. O estudo da Informação não tem destaque; Minadeo – Embora aborde propaganda e publicidade, não caracteriza como comunicação do produto. A promoção de vendas é tratada em outro capítulo. Não aborda a informação como título; FGV-EAESP – Aborda a comunicação do produto, mas não comunicação com consumidores. A informação é abordada no Capítulo de Sistemas de Informação; Original – Engloba, num único capítulo, os conceitos de comunicação, publicidade, propaganda, promoção e relações públicas, cuja finalidade é esclarecer que tudo isso faz parte do processo de comunicação do: produto, marca e imagem da empresa, dando destaque ao poder que a informação tem sobre tudo isso.

Capítulo 19 – Decisão e Objetivo: Kotler – Como de costume aborda o assunto decisão em diversos capítulos, fazendo a mesma coisa com objetivo; Minadeo – Não aborda os assuntos; FGV-EAESP – Apenas aborda o assunto objetivo; Original – Dá relevância aos assuntos, porque decisões inteligentes e políticas acertadas são fatores altamente competitivos. Aborda no mesmo capítulo os riscos da decisão intempestiva e do objetivo mal formulado.

Capítulo 20 – Negociação: Kotler – Aborda o assunto superficialmente; Minadeo – Não aborda o assunto; FGV-EAESP – Não aborda o assunto; Original – Aborda este assunto, para mostrar que a todo instante estamos negociando alguma coisa, quer seja uma solução, um processo, uma decisão, um projeto (produto).

Capítulo 21 – Pesquisa de Mercado: Kotler – Aborda pesquisa de mercado, sistemas de informação e previsão de vendas em um mesmo capítulo; Minadeo – Aborda o assunto de forma adequada; FGV-EAESP – Embora aborde o assunto, confunde Pesquisa de Mercado com Pesquisa de Marketing.; Original – Aborda o assunto de maneira mais completa que os outros livros (40 páginas), começando pelo conceito de pesquisa indo até estatística aplicada. Ademais o capítulo possui inúmeros exemplos numéricos, exercícios resolvidos e diversos questionários de pesquisa.

Capítulo 22 – Previsão de Vendas: Kotler – A abordagem é insignificante; Minadeo – Não aborda o assunto; FGV-EAESP – Não aborda o assunto; Original – Aborda os elementos da previsão e seus principais métodos (dez), que são mostrados por meio de exemplos numéricos, todos factíveis de serem elaborados em planilhas eletrônicas.

Capítulo 23 – Qualidade: Kotler – Aborda o assunto de maneira dispersa; Minadeo – Apenas aborda níveis de qualidade, quando no Capítulo Produto; FGV-EAESP – Não aborda o assunto; Original – Faz uma abordagem bastante relevante para mostrar que a qualidade está presente em tudo que o ser humano desenvolve física e mentalmente.

Capítulo 24 – Preço, Custo e Lucro: Kotler – Demonstra não dar importância à Contabilidade Gerencial, na gestão dos negócios, pois aborda os aspectos subjetivos do assunto; Minadeo – Aborda preço como estratégia. Custo e lucro, nem pensar; FGV-EAESP – Não aborda estes assuntos; Original – Aborda os conceitos de preço, custo e lucro, com a finalidade de mostrar ao leitor que o homem de marketing precisa interagir com os demais departamentos da empresa. Neste capítulo são apresentados mais de 60 exemplos numéricos e exercícios resolvidos.

Capítulo 25 – Estratégia: Kotler – A abordagem que faz é tipológica, não abordando as considerações conceituais sobre estratégia; Minadeo – Não dá a importância merecida ao assunto; FGV-EAESP – A abordagem é idêntica a do Kotler; Original – A abordagem é concentrada num capítulo de cerca de 40 páginas para mostrar a importância da Estratégia em tudo o que se faz, principalmente, em se tratando de uma empresa.

Conclusões:

A – Livro do Kotler: ***Administração de Marketing.***

É um livro em que o autor faz um grande esforço para abordar assuntos pertinentes à administração de uma empresa com foco no mercado, mas exagera quando coloca tudo e todos sob a ótica do Marketing. Por outro lado, possui um índice remissivo que ajuda muito o leitor pesquisador achar um determinado assunto.

A carência de números, fórmulas, exemplos numéricos e exercícios resolvidos é uma falta muito grave num livro didático, isto é, se pretende ensinar alguma coisa sobre o assunto, objeto de estudo.

O Kotler usa o livro para divulgar seu serviço de consultoria, pois sua obra está longe de ser didática e atender as necessidades do mundo acadêmico. Por exemplo, nos assuntos: Previsão de Vendas, Qualidade, Preço, Custo, Lucro, Problema e Solução, ele demonstra total desprezo.

É possível que até conheça os assuntos. Mas sua ação demonstra incompetência para avaliar a importância da Contabilidade Gerencial, Estatística e Cálculo de Probabilidade.

O administrador, hoje, precisa ser uma pessoa de conhecimento eclético, já que transita em todos os departamentos por dever de ofício.

B – Livro do Minadeo: *Gestão de Marketing.*

É um livro que possui uma estrutura organizacional bastante didática, mas deixa de dar o devido respeito a determinados assuntos, tais como: Mercado, Comercialização, Serviço, Tecnologia, Inovação, Mudança, Conhecimento, Criatividade, Decisão, Objetivo, Negociação, Previsão de Vendas. Preço, Custo, Lucro, Estratégia, Problema, Solução.

O motivo talvez seja o de não dar importância em ensinar cálculo, isto é, números, para alunos do Curso de Administração, que, em geral, são fraquíssimos em Matemática. Acredito que já está na hora dos autores pararem com isso.

C – Livro da Equipe FGV-EAESP: *Gestão de Marketing.*

É um livro bem estruturado didaticamente e razoavelmente cosmetizado. Tem uma equipe de autores (16), todos superdotados e cheios de títulos. Assim sendo, o livro se torna uma coletânea de especialistas, havendo superposições e descontinuidades de textos.

Falta ao livro uma visão sistêmica e holística do que seja Marketing.

No meu entender o livro é bem apropriado para o início do Século XXI. Como os demais, tem uma visão mais econômica do que administrativa, embora seja fraquíssimo na utilização de cálculos. Também não aborda, por exemplo, os assuntos: Previsão de Vendas; Determinação e Redução de Custos; Cálculo de Preço de Venda; Otimização do Lucro. Com relação a números, exemplos e exercícios resolvidos é como os demais.

D – Livro de Minha Autoria:

Embora o próprio primeiro caderno, as orelhas e a quarta capa sejam veículos esclarecedores do propósito do Livro e não querendo alongar mais, é importante observar a cronologia de abordagem dos temas e também a metodologia, que vai do simples para o complexo.

Também é preciso esclarecer que a exposição do texto, ao longo do livro, é multiforme, pois além de possuir um estilo didático, bastante acentuado, preocupação maior do autor, é também pragmática, trazendo cerca de 130 exemplos numéricos e problemas resolvidos do dia a dia da empresa, além de muitas dicas de como agir e inúmeras ilustrações, na forma de: diagramas, gráficos, matrizes, tabelas, planilhas, quadros e modelos.

Meu Livro possui muitas vantagens competitivas em relação aos demais comparados, pois se situa no Século XXI, em que o conhecimento e a informação passaram a ter um grande valor estratégico.

6.12 Contrato de Edição

O contrato de edição é um contrato em que um autor dá o direito de um editor apresentar a obra (projeto) do autor (ou artista) para o mercado, com o objetivo de juntos auferirem lucro com o trabalho de venda. A seguir, um exemplo:

CONTRATO DE EDIÇÃO

Pelo presente instrumento, de um lado a **Editora** ________________, estabelecida na Rua __________, __, ___________, Cep _________, cidade do Rio de Janeiro, RJ, inscrita no CNPJ sob o número ________________, representada neste ato pelo seu sócio-gerente, **Sr.** _________________________, brasileiro, casado, comerciante, carteira de identidade nº _________, expedida pelo Conselho Regional de Economia, Seção RJ, denominada **Editora**, e de outro lado o **Sr.** _______________, brasileiro, divorciado, professor universitário, portador da carteira de identidade nº _________, expedida pelo DETRAN, em _________, CPF ___________, residente e domiciliado na Rua ___________, ___, apt. ___, _______, Cep ____________, cidade do Rio de Janeiro, RJ, denominado **Autor**, firmam o presente contrato de edição da obra intitulada _________________, igualmente de acordo com as cláusulas e condições seguintes:

I – Da Autoria

1.1 – O Autor declara que é de sua exclusiva autoria a obra, acima citada, da qual, neste ato, entrega à Editora um exemplar, nas formas de brochura encadernada e meio digital (CD), de forma a produzir prova literária nesta edição, ressalvando que nenhuma modificação poderá ser introduzida nos textos originais, sem a concordância do Autor. Fica, todavia, assegurada à Editora o direito de proceder às correções ortográficas e gramaticais, porventura existentes. Compromete-se o Autor a pagar o custo de qualquer alteração que venha a introduzir no livro depois de composto, salvo se obtiver a aquiescência expressa da editora para as modificações pertinentes.

1.2 – O autor cede e transfere à Editora o direito exclusivo de lançar e vender edições da referida obra, obrigando-se por si e por seus sucessores ao seguinte:

A – Não contratar outras edições da referida obra na língua portuguesa, nem da mesma dispor em todo, ou em parte, enquanto não estiverem esgotadas todas as edições que a Editora lançar durante a vigência deste contrato.

B – Não produzir e nem dar a publicidade trabalho algum de sua autoria se o mesmo, tratando de assunto idêntico ao conteúdo da obra deste contrato, vier a prejudicar a venda do livro, ora objeto do presente contrato.

1.3 – O autor, desde já, concorda que a Editora poderá promover e divulgar outros títulos do seu Fundo Editorial, congruentes com a Linha de Produtos que se enquadre no contexto do livro, sempre que houver páginas em branco disponíveis no último caderno tipográfico do mesmo.

II – Do Prazo e da Quantidade

2.1 – O prazo deste contrato é de 4 (quatro) anos, a contar da data de assinatura do mesmo, durante o qual a Editora poderá produzir tantas edições quantas forem necessárias para atender à demanda do mercado.

Parágrafo Único – Findando o prazo deste contrato, em cada renovação editorial, o Autor concede à Editora a primeira opção para republicações futuras, de acordo com negociação entre as partes.

2.2 – A tiragem da primeira edição será de 500 (quinhentos) exemplares, dos quais a Editora fornecerá ao Autor 10 (dez) exemplares, inteiramente isentos de quaisquer ônus.

Parágrafo Único – O Autor terá, ainda, o direito de adquirir junto à editora um número de livros que desejar, com um desconto de 50% (cinqüenta por cento) para pagamento á vista.

III – Da Editora

3.1 – A Editora se obriga a sempre associar a obra ao Autor, em sua divulgação, quer fazendo constar seu nome na capa, lombada e frontispício do livro, assim como a menção "copyright" no primeiro caderno, fazendo constar o nome do Autor nos meios promocionais e publicitários que utilizar.

3.2 – A Editora assume o compromisso pelo pagamento dos direitos autorais ao Autor na percentagem de 10% (dez por cento) sobre o preço de capa, tendo como mecânica de pagamento os seguintes períodos, cujos prazos são estabelecidos e assim determinados: Até 15 de janeiro, o pagamento correspondente aos meses anteriores de outubro e novembro; até 15 de março o pagamento correspondente aos meses de dezembro e janeiro; até 15 de maio o pagamento correspondente aos meses de fevereiro e março; até 15 de julho o pagamento correspondente aos meses de abril e maior; Até 15 de setembro o pagamento correspondente aos meses de junho e julho; até 15 de novembro o pagamento correspondente aos meses de agosto e setembro. Todos estes pagamentos serão feitos com as devidas deduções do imposto de renda retidas na fonte, quando o valor ultrapassar o limite estabelecido em Lei.

3.3 – Para efeito de apuração do pagamento dos direitos autorais, tomar-se-á, por base, o total das vendas apuradas com o livro em todo o Brasil.

3.4 – A Editora se compromete a publicar a referida obra dentro do prazo máximo de 4 (quatro) meses a partir da data de assinatura do presente contrato, podendo o prazo acima ser prorrogado mediante acordo por escrito entre as partes.

3.5 – Caberá à editora a escolha do formato, arte e criação da capa, do papel e de toda matéria-prima componente do presente livro, bem como a determinação do preço de venda para os distribuidores e a fixação de cada tiragem subseqüente.

IV – Dos Direitos Subsidiários

4.1 – Quaisquer rendimentos que advenham de seriação, condensação, adaptação para ensino funcional, televisão ou proventos de tradução da referida obra para qualquer língua estrangeira, desde que exercendo a Editora a qualidade de intermediária ou agente, que neste instrumento ora se outorga, e, assim, dividindo o resultado em partes iguais.

4.2 – Caso a Editora venha a deixar se esgotar a referida obra por mais de 6 (seis) meses consecutivos, sem motivo real e aceito pelo Autor, poderá este exigir um pronunciamento por escrito da Editora. Se, porém, a Editora, dentro de 15 (quinze) dias não se pronunciar, dando uma resposta aceitável, o Autor poderá se considerar livre de qualquer compromisso contratual com a Editora.

4.3 – Fica convencionado que o Autor poderá considerar rescindido este contrato, independente de qualquer formalidade judicial ou extrajudicial, se a Editora não lhe apresentar motivo satisfatório para infringir o disposto nas Cláusulas 3.2 e 3.4.

V – Das Disposições Gerais

5.1 – Os casos omissos no presente contrato serão dirimidos pelas leis em vigor, ficando eleito pelas partes o Foro da Comarca do Rio de Janeiro como o único órgão competente para qualquer ação e reclamação oriunda do presente instrumento, com exclusão e negação de qualquer outro por mais privilegiado que seja.

E por estarem justas e contratadas, as partes firmam o presente, em três vias de igual teor e forma, rubricando todas estas folhas, na presença das testemunhas abaixo, que a tudo assistiram, para que produza, com isso, os efeitos legais.

Rio de Janeiro,

____

(Editor)

____

(Autor)

Testemunhas:

____

____

6.13 Curriculum-Vitae

Relatório que aponta de forma resumida a vida de alguém, sendo um histórico curto da vida de uma pessoa. Portanto, trate-o como um dos exames mais importantes que você já teve de passar e isso o recompensará muito bem. Não permita um único erro de ortografia ou gramática.

Não exagere suas alegações. Por outro lado, não se diminua. A falsa modéstia em um currículo pode ser desastrosa.

Como o currículo é dirigido a uma pessoa física ou jurídica para uma vaga de emprego, associação, prestação de serviço ou parceria, é bom que o mesmo não seja "pesado demais" ou "curto demais", isto é, deve atender ao padrão de mercado e para quem ele é encaminhado.

A seguir, algumas considerações sobre como deve ser a estrutura básica de um currículo:

- Nome:
- Dados Pessoais: Listar: Data de Nascimento; Registro de Identidade; CPF.
- Formação Escolar: Relacionar os principais cursos, justapondo o período em que foram realizados.
- Formação Paralela: Selecionar cursos de menor importância que tenha feito e que ajudarão o analista/entrevistador no recrutamento e seleção. Somente relacionar os cursos que sejam congruentes com o cargo pretendido.
- Vida Profissional: Relacionar as empresas (organizações) em que trabalhou, em ordem cronológica decrescente, observando as funções principais que desempenhou.
- Línguas Estrangeiras: Citar as línguas que pode se comunicar.

- Atividades Paralelas: Selecionar as atividades complementares, que desenvolveu durante a vida, a fim de consubstanciar o cargo pretendido.

- Atividades Atuais: Colocar as principais atividades que realiza na atualidade.

- Experiência Profissional: Listar aquelas de interesse do destinatário (empresa pretendida), observando o ano e período de tempo.

- Produção Acadêmica: Listar, se tiver, as três últimas produções acadêmicas, tais como relatórios de pesquisa, análises de viabilidade de projetos, apostilas, livros.

- Projetos Implementados: Listar os dois últimos em que teve participação e seus objetos de estudo.

- Referências Pessoais: Listar três pessoas que possam atestar como verdadeiras as informações prestadas, não esquecendo de colocar seus endereços reais e virtuais. Não deixe de dizer seus cargos e empresas em que trabalham ou trabalharam, quando conheceram o candidato:

- Referências Bancárias: Listar os nomes dos bancos onde é cliente e respectivas agências e contas.

- Canal de Comunicação: Listar na seguinte ordem:

  Nome da Rua em que o candidato é domiciliado.
  CEP Município Sigla do Estado

  Telefones:
  E-mail:

- Data e Assinatura

A seguir, algumas premissas do bom currículo:

- **É** comum a utilização de uma folha de rosto para identificar de quem é o currículo e o mesmo ser enviado como anexo de uma carta (e-mail).

- Se o envio do currículo for por e-mail, este deve ir como arquivo anexo.

- Na carta de acompanhamento, ou e-mail, o candidato deve dizer o motivo básico de tal ato (3 - 5 linhas). Não precisa ser lacônico e muito menos prolixo.

- A concisão (objetividade e precisão) é característica de quem sabe escrever.

- O candidato deve entender que o currículo é o retrato das vidas acadêmica e profissional de uma pessoa. Portanto, deve ser muito bem trabalhado.
- É importante que o candidato se informe sobre a empresa pretendida e seu setor de atuação na economia do país, para uma futura entrevista.
- A redação de um currículo é feita na terceira pessoa do singular, seguindo uma normalização textual própria.
- O conteúdo do currículo deve ser muito bem desenvolvido, pois mostra o nível de conhecimento do candidato, como também sua objetividade, estruturação, disciplina, organização e percepção.
- Não faça um currículo para impressionar o recrutador. Muito menos, pense que este é um tolo, podendo enganá-lo.
- As pessoas, indicadas como referências, devem estar, de preferência, relacionadas às empresas em que o candidato trabalhou.
- Não esquecer de que as pessoas, que trabalham no setor de Recrutamento e Seleção de uma organização, estão habituadas a lidar com todo tipo de gente e que você não é nenhum "gênio da lâmpada".
- O currículo deve ser muito bem diagramado, sem excesso de cosmetização.

6.14 Direitos Autorais

Os direitos autorais devem ser registrados no Escritório de Direitos Autorais, cujas informações básicas são as seguintes:

Endereço e Canais de comunicação:

Centro Empresarial Cidade Nova, Av. Presidente Vargas, 3131, sala 702, Cidade Nova – RJ
CEP: 20210-911

Telefone: +55 (21) 2220-0039
E-mail: eda@bn.gov.br
Funcionamento: Segunda a sexta-feira, das 13:00 às 16:00

Documentos necessários:

- Formulário do Requerimento.
- Guia de Recolhimento Unificado (GRU).
- Comprovante de Residência.
- Cópia de RG e CPF.

Observação: O autor deve acessar um site de pesquisa (Google) e digitar Direitos Autorais, para ter todas as informações necessárias

6.15 Procuração

A procuração é um documento declaratório em que uma pessoa (física ou jurídica) confere a outrem para, em seu nome, representá-la para uma determinada negociação.

Como é possível que o autor necessite de uma procuração de um coautor, por exemplo. Assim, está sendo mostrado, a seguir, um exemplo de procuração, para o caso em telha:

Procuração

Por este instrumento particular de procuração, _________(Nome)_______________ brasileiro, portador da carteira de identidade nº __________________, expedida pelo Detran, em 00/00/0000, inscrito no CPF sob o nº ___________________, residente e domiciliado nesta cidade, a quem nomeia seu bastante procurador _________(Nome)____________brasileiro, portador da carteira de identidade nº _______________, expedida pelo DETRAN, em 00/00/0000, inscrito no CPF sob _______________, a quem confere amplos poderes para representá-lo junto ao Escritório de Direitos Autorais da Fundação Biblioteca Nacional, sobre o Registro do Livro ***A Vida com Suavidade***, em que é coautor.

Local:
Data:
Assinatura com firma reconhecida.

6.16 ISBN

ISBN (International Standard Book Number) é um registro em forma de Código de Barras para todos os livros publicados no planeta. Este código de barras é sempre colocado na Quarta Capa.

Cada posição na numeração do Código de Barras indica o país, o autor, o título do livro, a editora e o preço de capa.

Observação: O endereço no Brasil é o seguinte:
Rua México, 45, 5º Andar, Centro – RJ
CEP: 20031-144
Sites de Acesso:
Fundação Biblioteca Nacional | Ministério da Cultura | Brasil.gov.br

6.17 Roteiro de Revisão da Diagramação

- Conferir a numeração das páginas, indo do Frontispício até a última página do Remissivo.
- Verificar se as páginas que iniciam os capítulos são ímpares.
- Verificar se a numeração do Primeiro Caderno está em Algarismos Romanos.
- Checar as páginas do Sumário com o Texto.
- Checar a nova diagramação feita pela Editora com a Brochura Original, a fim de verificar se há algo errado.
- Checar a Nova Diagramação das Orelhas propostas pelo Autor.
- Checar a Quarta Capa.
- Conferir as páginas do Índice Remissivo com a nova diagramação.
- Listar, caso haja, os conflitos entre o texto a revisão, sempre dando os endereços na nova diagramação.
- Informar à Editora, por relatório, os erros encontrados, indicando as respectivas páginas.
- Aguardar a Arte Final da Capa, observando: Lombada, Quarta Capa e Orelhas.
- Dizer qual a Arte Final é a escolhida.

Bibliografia

ALMEIDA, Napoleão Mendes de. *Dicionário de questões vernáculas.* São Paulo: Caminho Suave, 1981.

ARAÚJO, Emanuel. *A construção do livro: princípios e técnicas de editoração.* Rio de Janeiro: Nova Fronteira, Brasília: INL 1986.

ASTI Vera, Aramando. *Metodologia da pesquisa científica.* Porto Alegre: Globo, 1976.

AWAD, Elias M. *Processamento de dados nas empresas.* São Paulo: Atlas, 1975.

BALBINO, Nicolau. *Contratos e notificações.* São Paulo: Atlas, 1986.

BARBOSA Filho, Manuel. *Introdução à pesquisa: métodos, técnicas e instrumentos.* Rio de Janeiro: Livro Técnico e Científico, 1980.

BASTOS, Lilia da Rocha. *Manual para a elaboração de projetos e relatórios de pesquisa.* Rio de Janeiro: Zahar, 1979.

BOITEUX, Colbert D. *Administração de projetos.* Rio de Janeiro: Interciência, 1979.

CASTRO, Cláudio de Moura. *Estrutura e apresentação de publicações científicas.* São Paulo: McGraw Hill, 1978.

COGGIN, William O., PORTER, Lynnette R. *Editing for the technical profusions.* New York: Macmillan, 1992.

COSTA, Nelson P. *Comunicação empresarial.* Rio de Janeiro: Ciência Moderna, 2008.

COSTA, Nelson P. *Marketing para empreendedores.* Rio de Janeiro: Qualitymark, 2003.

COSTA, Nelson P. *Documentos empresariais.* Rio de Janeiro: Ciência Moderna, 2016.

CROSBY, Philip B. *Qualidade sem lágrimas.* São Paulo: Jose Olympio, 1992.

DECARTE, René. *Discurso do método.* São Paulo: Abril, 1973.

DRUCKER, Peter F. *O gerente eficaz.* Rio de Janeiro: Zahar, 1981.

DUZILEK, Darci. *A arte da investigação criadora.* Rio de Janeiro: JUERP, 1985.

FACHIN, Odília. *Fundamentos de metodologia.* São Paulo: Saraiva, 2002.

ISHIKAWA, K. *Controle de qualidade total.* Rio de Janeiro: Campus, 1999.

KERLINGER, Fred N. *Metodologia da pesquisa em ciências sociais: um tratamento conceitual.* São Paulo: Epu/Edusp, 1980.

LAKATOS, Eva Maria. *Fundamentos de metodologia científica.* São Paulo: Atlas, 1991.

LAKATOS, Eva Maria. *Metodologia científica.* São Paulo: Atlas, 1991.

LIMA, Rocha. *Gramática normativa da língua portuguesa 19ª. ed.* Rio de Janeiro: Jose Olympio, 1978.

LITTON, Gaston. *A documentação.* Trad. Maria da Graça Pedreira Ibañez. São Paulo: McGraw-Hill do Brasil, 1976.

MARCONI, Marina de Andrade. *Técnicas de pesquisa.* São Paulo, 1985.

MARINHO, Pedro. *A pesquisa em ciências humanas.* Petrópolis: Vozes, 1980.

MATTOS, Francisco Gomes de, CARVALHO, Nelly. *Como avaliar um livro didático: língua portuguesa.* São Paulo: Pioneira, 1984.

MAXIMIANO, Antonio C. Amaru. *Administração de projetos*. São Paulo: Atlas, 1997.
MEDEIROS, João Bosco. *Redação empresarial*. São Paulo: Atlas, 1989.
MEDEIROS, João Bosco. *Comunicação escrita*. São Paulo: Atlas, 1993.
MONGELLI, Lenia Márcia de Medeiros. *A estética da ilustração: textos doutrinários comentados. São Paulo: Atlas, 1992.*
NERICI, Imídeo G. *Introdução à didática geral*. São Paulo: Atlas, 1985.
NERICI, Imídeo G. *Metodologia do ensino superior*. Rio de Janeiro: Fundo de Cultura, 1967.
PINTO, Ildete Oliveira. *O livro: manual de preparação e revisão*. São Paulo: Ática, 1993.
POPPER, R. *A elaboração de manuais na empresa*. São Paulo: Pioneira, 1973.
RABAÇA, Carlos Alberto, BARBOSA, Gustavo. *Dicionário de comunicação*. Rio de Janeiro: Codecri, 1978.
REY, Luiz. *Como redigir trabalhos científicos*. São Paulo: Edgar Blucher, 1978.
RIUKIN, Steve. *Usina de ideias*. Rio de Janeiro: Campus, 2002.
SAATKAMP, Henry. *Como elaborar originais de livros*. Porto Alegre: Sulina, 1967.
SERAFINI, Maria Teresa. *Como escrever textos*. Rio de Janeiro: Globo, 1987.
SMITH JR., Datus C. *Guia para editoração de livros*. Trad. Eliane Tejera Lisboa. Recife: Editora da Universidade da UFPE. Florianópolis: Editora da UFSC, 1990.
SILVA, Felisbelo da. *Como redigir petições, procurações e contratos*. São Paulo: Nobel, 1980.
SIMONSEN & FLANZER. *Elaboração e análise de projetos*. São Paulo: Séries Literárias, 1979.
UNESCO. *O negócio da edição de livros*. São Paulo: Atlas, 1992.
WEITZEN, H. Skip. *O poder da informação*. São Paulo: Makron Books, 1991.
WHITAKER PENTEADO, J. R. *A técnica da comunicação humana*. São Paulo: Pioneira, 1987.
WHITAKER PENTEADO, J. R. *Comunicação humana*. São Paulo: Pioneira, 1987.
WITT, Aracy. *Metodologia de pesquisa: questionário e formulário*. São Paulo: Resenha Tributária, 1973.
WLASEK FILHO, Francisco. *Técnica da preparação de originais e revisão de provas tipográficas. 2ª ed.* Rio de Janeiro: AGIR 1977.

Impressão e acabamento
Gráfica da Editora Ciência Moderna Ltda.
Tel: (21) 2201-6662